DR. CHRISTIAN ZENTNER

DIE LANDUNG IN DER
NORMANDIE
D-DAY

MOEWIG

Einleitung

Nach dem Überfall auf Polen am 1. September 1939, der die Kriegserklärung Englands und Frankreichs an Deutschland zu Folge hatte, und der schnellen Niederlage Warschaus wandte sich Hitler vergeblich mit einem „Friedensappell" an die Westmächte. Doch auch die Besetzung Dänemarks und Norwegens sowie der Blitzsieg über Frankreich ließ Großbritannien nicht zögern, den Krieg gegen Hitler-Deutschland konsequent weiterzuführen.

In dieser Lage sollte nun der schon in Hitlers Bekenntnisbuch „Mein Kampf" propagierte Raub- und Vernichtungskrieg gegen Rußland die Entscheidung bringen. Als der am 22. Juni 1941 eingeleitete Überfall auf die Sowjetunion jedoch nicht, wie geplant, ein weiterer Blitzkrieg wurde, mußte Hitlers außenpolitisches Konzept bereits als gescheitert gelten. Denn der Zweifrontenkrieg, vor dem er stets gewarnt hatte, erweiterte sich mit dem Kriegseintritt Japans und der USA nach Tokios Überfall auf Pearl Habour am 7. Dezember 1941 zum Weltkrieg, der nur mit der militärischen Niederlage des Dritten Reiches enden konnte. Vorraussetzung dafür war allerdings die Errichtung einer effektiven zweiten Front in Europa, die den westlichen Alliierten mit ihrer erfolgreichen Landung in der Normandie gelang. Die Invasion im Juni 1944, eine beispiellose Kraftanstrengung der Amerikaner und Briten, leitete in der Tat die Endphase des Zweiten Weltkrieges ein. Auch wenn Hitler höhnte: „Jetzt haben wir sie endlich dort, wo wir sie schlagen können!", war dies doch angesichts der Kriegslage im Sommer 1944 eine geradezu groteske Verdehung der Wirklichkeit: die Ostfront in fast völliger Auflösung, der U-Bootkrieg verloren, die Bundesgenossen abgefallen, die Cassino-Front in Italien zerbrochen, Partisanen überall, die deutschen Städte in Trümmern. Erstaunlich war eigentlich nur, daß die Wehrmacht der zigfachen gegnerischen Übermacht noch so lange trotzte.

Hitler nutzte die alliierte Forderung nach „bedingungsloser Kapitulation", um die letzten Reserven aus dem deutschen Volk zu pressen. Der Offiziersaufstand vom 20. Juli 1944 gegen den Wahnsinn der Kriegsverlängerung scheiterte. Mit einer Strategie der Hoffnungen versuchte die nationalsozialistische Propaganda den Glauben an den „Endsieg" aufrechtzuhalten: „Wunderwaffen" sollten in letzter Minute die Wende bringen. Und in der Tat, was Soldaten und Ingenieure, Arbeiter und Organisatoren im letzten Kriegsjahr vollbrachten, grenzte an Wunder. Noch einmal wurde die Rote Armee gestoppt, die Front in Frankreich wich nur meterweise, die Produktionszahlen der Industrie erreichten nie gekannte Höhen, Düsenmaschinen schockten die Alliierten, Raketen verwüsteten London. Doch es war längst zu spät.

Die politische Führung vergab die letzten Chancen, von Deutschland zu retten, was noch stand. Mit einer sinnlosen Westoffensive in den Ardennen verlängerte Hitler das unsägliche Leid der Deutschen. Der Krieg kehrte zum Ausgangspunkt zurück. Der aber, der ihn über sein Volk und die Welt gebracht hatte, Adolf Hitler „Führer und Reichskanzler" und Oberbefehlshaber der Deutschen Wehrmacht, entzog sich der Verantwortung am 30. April 1945 durch Selbstmord.

D-Day hieß im alliierten Code der 6. Juni 1944, D für „Decision", Entscheidung. Und entscheidend wurde der Tag dann auch: Die Briten und Amerikaner setzten sich auf dem europäischen Kontinent fest und traten den Vormarsch gegen Deutschland an. Ihre Landung an der französischen Westküste war zwei Jahre lang minutiös geplant worden. Unser Bild zeigt eine Überfahrt amerikanischer Truppen aus den USA nach Großbritannien.

Die zweite Front

Lange genug hatte die Frage, ob die Errichtung einer zweiten Front, die große Offensive der Alliierten, in Frankreich, in Italien oder auf dem Balkan beginnen solle, sämtliche alliierten Konferenzen überschattet. Auf der Trident-Konferenz in Washington zwischen Roosevelt und Churchill und ihren militärischen Beratern war im Mai 1943 endgültig beschlossen worden, die Landung in Nordfrankreich nicht später als am 1. Mai 1944 durchzuführen. Das Unternehmen, das anfangs den Codenamen „Roundup" geführt hatte, erhielt die Bezeichnung „Overlord". Für Präsident Roosevelt wie auch für seinen Partner im Kreml, Josef Wissarionowitsch Stalin, hatte es niemals, wenn auch aus sehr verschiedenen Erwägungen heraus, Zweifel darüber gegeben, daß nur Westeuropa als Schauplatz der Landung englischer und amerikanischer Landarmeen zum entscheidenden Angriff in Frage kam. In Churchills Erwägungen tauchten jedoch immer wieder andere Möglichkeiten auf: Die Erweiterung des

italienischen Feldzuges zu einer großzügigen Operation durch Istrien hindurch gegen das Donaubecken oder die Erweiterung des im Herbst 1943 in der Ägäis und im Dodekanes begonnenen Feldzuges zu einem Großangriff auf dem Balkan mit türkischer Hilfe. Diese Ideen stießen jedoch auf die Opposition des amerikanischen Generalstabs. Sie bedeuteten eine erhebliche Inanspruchnahme des ohnedies knappen Tonnageraumes an Landeschiffen und die Gefährdung anderer weitreichender Pläne im Brennpunkt der Entscheidungen, in Westeuropa. Vielleicht rechnete Churchill indes damals auch mit der Möglichkeit des Auftauchens eines deutschen „Badoglio", einer Entwicklung, welche eine kostspielige und verlustreiche Großlandung in Frankreich ersparen würde. (Der italienische Marschall Pietro Badoglio wurde nach der Verhaftung Mussolinis am 25. Juli 1943 italienischer Regierungschef und erklärte am 13. Oktober 1943 Deutschland den Krieg.)

Am 28. November 1943 wurde die Konferenz von Teheran eröffnet, wo die beiden führenden Staatsmänner der angelsächsischen Welt mit Stalin zusammentrafen, um die beiderseitigen Pläne aufeinander abzustimmen. Präsident Roosevelt kam mit großen Hoffnungen in die persische Hauptstadt. Für ihn ging es darum, Stalin endgültig für die geplante Neuordnung des Weltstaatensystems zu gewinnen und darüber hinaus auf die Dauer gesehen für die Vereinigten Staaten sowjetrussische Bündnishilfe gegen Japan zu sichern, sobald der deutsche Gegner durch eine gemeinsame Kraftanstrengung niedergeworfen war. Er unterrichtete Stalin, daß die Invasion für den 1. Mai 1944 geplant sei, und fand sich mit ihm einig in der Überzeugung, daß man sich durch keinerlei Sonderunternehmungen in Italien oder der Ägäis von dem großen Ziel der Errichtung einer zweiten Front in Europa ablenken lassen dürfe. Stalins Mißtrauen war zwar wie stets wach, aber es gelang Roosevelt, ihn von dem ernst-

Rechts :
Josef Stalin, Franklin D. Roosevelt und Winston Churchill (von links) auf der Konferenz von Teheran am 1. Dezember 1943. Es wurde beschlossen: „Overlord" (Landung der Alliierten in Nordfrankreich) und „Anvil" (Landung der Alliierten in Südfrankreich) sind die Hauptoperationen für 1944.

Sie müssen im Mai 1944 ausgeführt werden. In keinem anderen Teil der Welt darf etwas unternommen werden, was den Erfolg dieser beiden Operationen gefährden könnte.
Bild linke Seite:
Aufmarsch amerikanischer Panzer an der englischen Südküste vor der Verschiffung.

haften Willen der Alliierten zu überzeugen, das Deutsche Reich zu Lande im Westen anzugreifen. Churchill unterlag. Stalin sprach sich eindeutig gegen jegliche Verzettelung der Kräfte aus. Auch die anderen Probleme wurden erörtert: der künftige Status Frankreichs nach dem Sieg; die so heikle Frage der Ostgrenze Polens; die Aufteilung Deutschlands in mehrere Kleinstaaten; die Bestrafung der deutschen „Kriegsverbrecher" (wobei Stalin eine Liste von 50 000 deutschen Offizieren präsentierte, deren Verurteilung er forderte, wogegen Churchill Einspruch erhob – das englische Recht kenne keine Verurteilung von Vergehen, für deren Ahndung keinerlei gesetzliche Regelung bestünde); die Roosevelt so sehr am Herzen liegende Schaffung einer Weltorganisation der Vereinten Nationen zur Verhütung künftiger Kriege. Stalin gab dafür die Zusicherung, daß Sowjetrußland im Fernen Osten eingreifen werde, sobald seine Armeen in Osteuropa nicht mehr benötigt würden. Churchills weitsichtige Politik, die weniger utopischen Zielen als den sehr realen Erfordernissen der Erhaltung der britischen Weltmacht galt, hatte sich nicht durchsetzen können, da England ohne amerikanische Unterstützung ohne Druckmittel war. Für die idealistische Richtung der amerikanischen Politik aber begann der lange Weg der Enttäuschungen im Grunde bereits in der Hauptstadt Irans, nicht erst im alten Zarenschloß von Jalta 1945, wie man oft gemeint hat.

Anfänglich hatte Präsident Roosevelt die Absicht, den amerikanischen Generalstabschef, General George Catlett Marshall, mit der Leitung der Invasion zu betrauen; da dieser indes für die Gesamtführung des Krieges unentbehrlich war, wurde am 24. Dezember 1943 der bisherige Oberbefehlshaber in Italien, General Dwight D. Eisenhower, zum Oberbefehlshaber über alle Land-, Luft- und Seestreitkräfte für „Overlord" ernannt. Ihm wurden die 12. amerikanische Heeresgruppe unter General Omar N. Bradley mit der 1. und der 3. Armee unter den Generalen Courtney H. Hodges und George S. Patton und die 21. britische Heeresgruppe unter General Bernard Law Montgomery mit der 1. kanadischen Armee und der 2. englischen Armee unter den Generalen H. G. Crerar und Miles C. Dempsey zur Verfügung gestellt. Ende 1943 schätzte man auf deutscher Seite, daß etwa 40 bis 45 britische und kanadische und 20 bis 25 amerikanische Divisionen, sämtlich vollmotorisiert beziehungsweise -mechanisiert, in England für eine Großlandung versammelt waren, darunter sieben Luftlandeverbände. Die Stärke der alliierten Luftwaffe wurde auf 17 000 Maschinen veranschlagt. Die Abziehung leistungsfähiger Divisionen aus Italien wurde bekannt.

Seit dem März des Jahres 1942 war der hochbetagte Generalfeldmarschall Gerd v. Rundstedt Oberbefehlshaber West und Oberbefehlshaber (OB) der Heeresgruppe D in Frankreich. Rundstedt, ein preußischer Edelmann der alten Schule war einer der bedeutendsten Vertreter des Generalstabes Schlieffenscher Prägung mit Sinn für die Bedeutung der Kriegstechnik. Sein Hauptquartier befand sich in Saint-Germain bei Paris. Ende 1942 war ihm als Stabschef der frühere Oberquartiermeister I des Generalstabes, Generalleutnant Blumentritt, zugeteilt worden. Erschien Rundstedt als das Urbild eines aristokratischen Kavaliers der alten Zeit, so wirkte der Schwabe Blumentritt sehr viel bürgerlicher. Gleichwohl ergänzten sich die beiden Männer vortrefflich. Weniger mochte dies für Rundstedt und Rommel gelten, der mit dem Stab der Heeresgruppe B unter Generalleutnant Gause im November 1943 von Italien nach Frankreich entsandt wurde. Sein Hauptauftrag war zunächst die Inspektion der Küstenverteidigung zwischen Dänemark und der französisch-spanischen Grenze in den Pyrenäen, ohne daß ihm darum festumrissene Befehlsbefugnisse gegeben wurden. Zudem blieb die deutsche Nordseeküste seinem Inspektionsbereich entzogen.

Ein 46,5-cm-Schiffsgeschütz, ursprünglich für die Schlachtschiffe der H-Klasse vorgesehen und dann in einen Bunker eingebaut, war das oft fotografierte Prunkstück des Atlantikwalls, der von der Propaganda unermüdlich als unüberwindliches Bollwerk gefeiert wurde. Die Invasion im Juni 1944 aber enthüllte die Wirklichkeit: Die Atlantikküste war nur streckenweise gut befestigt, an vielen Stellen dagegen kaum oder gar nicht.

Rommel war kein Generalstäbler. Für Rundstedts Geschmack war er vermutlich nicht der geegnete Mann, auch mochte ihm dieser zunächst keine außergewöhnliche operative Begabung zugestehen.

Nach Besichtigungsreisen in Dänemark begann Feldmarschall Rommel mit seinem kleinen Stab am 20. Dezember 1943 mit der Inspektion der Küstenverteidigung Hollands, Belgiens und Frankreichs. Zu Rommels Stab gehörten die üblichen drei Generalstabsoffiziere Ia, Ic und IIa für Personalfragen, nur ein General der Pioniere, ein General der Nachrichtenverbindungen, ein Oberst für artilleristische Fragen, ein Verbindungsoffizier der Luftwaffe und als Marineberater der ehemalige Chef der Marinesicherungsverbände West, Vizeadmiral Friedrich Ruge. Die Heeresgruppe B nahm später ihr Standquartier im Schloß der Herzöge von La Rochefoucauld in La Roche-Guyon. Noch immer besaß der designierte Leiter der Invasionsabwehr keine Befehlsgewalt über die Verbände seines Bereichs. Es brauchte noch Wochen, bis er erreichte, daß ihm die Truppen im holländisch-belgischen und nord- und westfranzösischen Bereich bis zur Loiremündung unterstellt wurden, soweit sie in der Küstenverteidigung eingesetzt werden sollten. Dies betraf das LXXXVIII. Korps, zwei Infanterie- und eine Luftwaffenfelddivision, im Bereich des Wehrmachtbefehlshabers

der Niederlande, General der Flieger Christiansen, die ausschließlich für die Verteidigung der Westfront gebildete 15. Armee unter Generaloberst v. Salmuth in Flandern und im Pas de Calais, vier Korps mit 14 Infanterie- und drei Luftwaffenfelddivisionen, und die 7. Armee unter Generaloberst Dollmann in der Normandie und Bretagne, drei Korps mit neun Infanterie- und einer Luftwaffenfelddivision, zu der später noch das II. Fallschirmkorps mit zwei Divisionen trat.

Generaloberst v. Salmuth war bereits einmal als Oberbefehlshaber der 2. Armee im Osten bei Hitler in Ungnade gefallen und abgelöst worden. Die im Westen vorhandenen Panzerverbände, zwei SS- und drei Heeresdivisionen nördlich, je zwei SS- und Heeresdivisionen südlich der

Loire, waren als „Panzergruppe West" in der Masse dem General der Panzertruppen Leo Frhr. Geyr v. Schweppenburg unterstellt, bildeten eine eigene Armee und unterstanden teils dem Oberbefehlshaber West, teils dem OKW (Oberkommando der Wehrmacht) unmittelbar. Rommel besaß keine Befehlsgewalt über Geyr, dessen Befehlsbefugnisse sich einstweilen jedoch nur auf Aus- bildungs- und Organisations- sowie Nachschubfragen erstreckten.

Südlich der Loiremündung war für die Sicherung der Biskayaküste, der Pyrenäenlinie und der südfranzösischen Küste die Armee-, später Heeresgruppe G unter Generaloberst Blaskowitz vorgesehen, der seit dem Jahre 1939 wegen seiner Denkschrift über die Ausschreitungen der SS in Polen bei Hitler in Ungnade gefallen

Oben:
Am frühen Nachmittag des 6. Juni 1944 läßt sich Hitler die alliierten Landeköpfe in der Normandie auf einer Landkarte markieren. Umstehende hörten dabei die Worte: „Die Nachrichten könnten gar nicht besser sein!

Solange sie in England waren, konnten wir sie nicht fassen. Jetzt haben wir sie endlich dort, wo wir sie schlagen können."
Von links nach rechts: Günther Korten, Stabschef der Luftwaffe; Marschall Hermann Göring,

Oberbefehlshaber der Luftwaffe; Alfred Jodl, Stabschef; General Walter Warlimont, der Stellvertreter von Generalfeldmarschall Wilhelm Keitel, Chef des Oberkommandos der Wehrmacht.
Rechte Seite:
Sie wiesen den Invasionstruppen den Weg ins deutsch besetzte französische Hinterland. US-General Dwight D. Eisenhower (links) und der britische General Bernard Montgomery (rechts) befehligten die Invasionsarmada.

und nie mehr befördert worden war. Sie bestand aus der sehr schwachen 1. Armee mit dem Hauptquartier in Bordeaux und der 19. Armee mit dem Hauptquartier in Avignon.

Die Befehlsgliederung an der Westfront zeigte das für deutsche Verhältnisse typische uneinheitliche Bild. Die Kräfte der Luftwaffe, die Luftflotte 3 unter Generalfeldmarschall Sperrle und das III. Flakkorps unter General Plocher, mit seinen vierundzwanzig Batterien eine Einheit von beachtlicher Feuerkraft, unterstanden nicht dem Oberbefehlshaber West, sondern dem Reichsmarschall, Hermann Göring. Die gesamten Marineverbände einschließlich der Küstenartillerie, die zum Marinegruppenkommando West unter Admiral Krancke zusammengefaßt waren, waren auf die Befehle

des Großadmirals Karl Dönitz angewiesen. Der Kriegsschauplatz wurde vom Wehrmachtführungsstab im fernen Ostpreußen betreut. Die Verteidigung der so ungeheuer weit sich dehnenden deutschen Atlantikfront machte daher wie alle die deutschen Kriegsanstrengungen den Eindruck der Unkoordiniertheit. Den Halbkreis zwischen Dänemark und der Biskaya gleichförmig zu sichern, hätte zudem die Macht auch des stärksten Weltreiches überschritten. Dazu kam die Unsicherheit über den Ansatzpunkt der feindlichen Offensive.

Geschickte Täuschungsmanöver der Alliierten hatten zur Folge, daß die deutsche Führung stets bis zu einem gewissen Grade im ungewissen blieb. Ein von der Abwehr über Spanien nach den Vereinigten Staaten geschleuster holländischer Agent war bereits in Spanien zum amerikanischen Geheimdienst übergelaufen, ohne daß dies seinem Auftraggeber bekannt wurde, und funkte von Amerika aus beharrlich Nachrichten über große amerikanische Truppenkonzentrationen auf Island, welche an ein Unternehmen gegen Norwegen denken ließen. Ein derartiges Unternehmen, dessen Codename „Jupiter" gelautet hatte, war tatsächlich einmal erwogen, jedoch längst zugunsten von „Overlord" abgeschrieben worden.

Zeitweilig tauchten Befürchtungen auf, die Alliierten könnten Schweden zwingen, ihnen seine Flugplätze zur Verfügung zu stellen, und von hier aus ein großes Luftlandeunternehmen in den dünn besiedelten Gegenden West- und Südmecklenburgs einleiten, von denen aus ein Vorstoß auf Berlin möglich war. 1943/44 wurden beim mecklenburgischen Reichsverteidigungskommissar Überlegungen angestellt, wie man sich in solchem Fall verhalten solle. Andere Befürchtungen galten einer Landung an der deutschen Nordseeküste zwischen Ems und Elbe. 1943 wurde ferner für den Fall alliierter Landungen in Portugal und Spanien ein Unternehmen „Ilona" vorbereitet, ein Verteidigungsaufmarsch mit zehn Divisionen in der Linie Valladolid-

Salamanca zur Abschirmung Barcelonas auf spanischem Boden. Mehrfach weilten damals auch noch spanische Offiziere zu Gast bei der Armeegruppe G, obwohl sich die diplomatischen Beziehungen erheblich abgekühlt hatten und auch die „Blaue Division" aus Rußland zurückgerufen worden war. Es gab Agentenmeldungen, die Pläne gegen die Iberische Halbinsel zum Gegenstand hatten. Andere Agentenmeldungen, die von der Vorbereitung einer Landungsaktion an der südfranzösischen Küste sprachen, kamen der Wahrheit bereits näher; ein derartiges Unternehmen unter dem Codenamen „Anvil" (Amboß) war als zweiter Akt der Invasion geplant. Die zuverlässigsten Agenten des Admirals Canaris sprachen jedoch stets von Vorbereitungen einer Großlandung von Südengland aus in Nordfrankreich.

Merkwürdigerweise blieben der deutschen Spionage jedoch zwei sehr bemerkenswerte und entscheidende Erfindungen des Gegners verborgen:

die Konstruktion künstlicher Häfen mit Hilfe versenkbarer Spezialcaissons, die „Mulberries" und „Gooseberries", und die Vorbereitungen zur Anlegung unterseeischer Ölleitungen von der Britischen Insel zum Festland, beides Dinge, welche die Invasionsarmee im ersten Stadium der Operation von der Gewinnung eines großen Hafens unabhängig machten. Feldmarschall v. Rundstedt, Generaloberst Jodl vom Wehrmachtführungsstab und das Marinegruppenkommando West dagegen prüften stets nur die vorhandenen Häfen auf ihre Eignung als Invasionsstützpunkt und beschränkten so ihr Blickfeld für Alternativen.

Die deutsche Propaganda hatte durch Jahre den „Atlantikwall", das System der Küstenbefestigung im Westen, als Wunderwerk deutscher Technik und Verteidigungskunst gefeiert. Bei Licht besehen war der „Atlantikwall" jedoch nur ein System lockerer, weit verstreuter, mehr oder weniger gut ausgebauter Stützpunkte mit unsicherer und uneinheitlicher, nur teilweise

vollendeter Vorstrandsicherung und einer ähnlich dürftigen Zwischenstrandverteidigung durch Bunkerketten, Drahtverhaue und Minenfelder. Hitler hegte den Plan, die Küstenverteidigung nach russischen Vorbildern durch sich automatisch auslösende Flammenwerferbatterien zu verstärken, die bei einer Landung brennendes Öl auf die See schleudern konnten. Er wies General Buhle an, die Massenfertigung ortsfester und beweglicher Flammenwerfer voranzutreiben. Dieses Projekt stieß wieder auf unüberwindliche Produktionsschwierigkeiten.

Nicht einmal die Ausrüstung der wichtigsten Häfen mit Marineküstenbatterien in ausreichender Zahl war bei dem katastrophalen Mangel an derartigen Geschützen 1944 abgeschlossen. Die völlige Abrüstung nach 1918 machte auch den Rückgriff auf alte Bestände oder ehemalige Turmgeschütze von Kriegsschiffen unmöglich. Bevorzugt waren zunächst die U-Boot-Basen, dann einige größere Häfen gesichert wor-

Die Vorausset-
zung für eine er-
folgreiche Inva-
sion Nordfrank-
reichs war die
absolute Luft-
überlegenheit.
Monatelang wur-
de das Hinterland
systematisch
bombardiert.
(*Bild oben:*
„Fliegende Fes-
tungen" der

US Air Force im
Einsatz).
Allein am Inva-
sionstag flog die
alliierte Luftwaffe
10 743 Einsätze.
Linke Seite:
Einsatzbespre-
chung amerikani-
scher Bomber-
piloten in einer
Kaserne in
England.

den: Dünkirchen, Calais, Boulogne,
Le Havre, Cherbourg, St. Malo,
Brest, Lorient, St. Nazaire, La
Rochelle, Gironde-Nord und -Süd
sowie Toulon. Am Kap Gris Nez im
Pas de Calais, wo man höheren Ortes
oft feindliche Landungen vermutete,
da hier die Entfernung zwischen
England und dem Festland am
geringsten war, war eine aus vier
Batterien mit insgesamt 14 28-cm-,
30,5-cm-, 38-cm- und 40,6-cm-
Geschützen bestehende sogenannte
Offensive Batteriegruppe geschaffen
worden, dazu stand in Sangatte 1944
noch eine Heeresküstenbatterie mit
zwei 28-cm-Langrohrkanonen. Die
Batteriegruppe beschoß des öfteren
die englische Küste bei Dover und

gewährte den durch den Kanal gelei-
teten deutschen Konvois oft wirksa-
men Feuerschutz. Ein fixe Idee
Hitlers war die Befestigung der
Kanalinseln vor St. Malo, wofür eine
Bauzeit von acht Jahren vorgesehen
war. Völlig sinnlos wurden auf den
Inseln sogar Panzer stationiert und
elf schwere Batterien mit acht-
unddreißig Geschützen, darunter
auch vom Kaliber 38 cm, eingebaut.
Militärisch gesehen, spielten sie im
ganzen Krieg nicht die geringste
Rolle. An der ganzen normannisch-
bretonischen Küstenfront zwischen
Dieppe und St. Nazaire – beides
Schauplätze britischer Landever-
suche oder Kommandounternehmen
im Jahre 1942 – befanden sich dafür

nur elf Batterien mit siebenunddreißig schweren Küstengeschützen. Am späteren Invasionsstrand waren ganze drei schwere Marinebatterien, Octeville bei Le Havre mit 38-cm-Geschützen, Greville und „Hamburg" im Raum Cherbourg mit 24-cm- und 38-cm-Geschützen – vorhanden, davon zwei unfertig. Dazu kamen spät zwei dem AOK 7 unterstellte Marinebatterien mit 15-cm und 21-cm-Geschützen.

Das ganze System entbehrte der Einheit wie der Tiefenstaffelung. Kommandounternehmen des Gegners wie der Überfall von Fallschirmtruppen, die in Schnellbooten entkamen, auf eine Ortungsstelle bei Bruneval in der östlichen Normandie (im Februar 1942), wie die Angriffe

auf Dieppe und St. Nazaire hatten deutlich die fehlende Zusammenarbeit zwischen den verschiedenen Wehrmachtteilen und die Unzulänglichkeit der Nachrichtenverbindungen aufgezeigt. Infolge der steigenden Materialknappheit, der Tatsache, daß die in Frankreich greifbaren, immerhin nicht unbeträchtlichen Mengen an Zement und Stahl zunächst für Sonderzwecke (den Bau der U-Boot-Basen und die Befestigung der Kanalinseln), später vor allem für die Abschußrampen der V-Waffen verwendet wurden, und der starken Inanspruchnahme der mit dem Bau des „Atlantikwalles" beauftragten „OT" – der von Fritz Todt gegründeten (technischen Hilfs-) Organisation Todt – durch den

Ostfeldzug blieb die Küstenbefestigung unvollendet. Feldmarschall v. Rundstedt äußerte sich später nur verächtlich und geringschätzig über diesen „Küstenwall", von dem die Presse und die Wochenschauen in den Lichtspieltheatern Wunderdinge berichteten. Die Aufgaben, die zu erfüllen waren, standen eben sämtlich, in Ost wie West, nicht mehr im Einklang mit den vorhandenen Mitteln.

Ähnlich uneinheitlich wirkte auch die Zusammensetzung des Westheeres. Frankreich war in diesem Krieg das große Übungs-, Ersatz- und Auffrischungslager der deutschen Wehrmacht, gerade darum jedoch kein abwehrbereites, straffgegliedertes Kriegsgebiet. Von den einsatzfähigen Divisionen besaßen die Infanterie- und Luftwaffenfeldeinheiten sehr unterschiedlichen Wert; stark waren die SS-, die Fallschirm- und die Panzerverbände. Die meisten Infanteriedivisionen im Westen waren jedoch „zweigleisige Divisionen" mit nur sieben Bataillonen oder sogenannte Stellungsdivisionen mit pferdebespannter Artillerie und Trossen, die nicht in vollem Umfang beweglich waren. Die Artillerie bestand zum Teil aus Beutegeschützen. Eine Division in Holland bestand aus Magenkranken, die 19. Armee hatte eine sogenannte Ohrendivision aus Schwerhörigen oder sonstigen Gehörleidenden. Der Ersatz bestand vielfach aus polnischen Volksdeutschen der Liste 3 („überfremdete Deutschstämmige", nach dem Urteil Heinrich Himmlers erst „nach Umerziehung" für eine Eindeutschung vorgesehen), deren Volkszugehörigkeit so umstritten war wie ihre militärische Zuverlässigkeit. Einige Divisionen zählten auch Niederländer und Elsässer in ihren Reihen, in Holland existierten Flakabteilungen aus Italienern mit deutschem Rahmenpersonal. 75 000 Mann Ostlegionen und Kosakenbataillone, die aus dem Osten nach Frankreich verlegt worden waren, weil sie als unsicher galten, vermehrten die Zahl der Völker noch. Viele Infanteriedivisionen, so die in Groß-Born im Sommer neu aufgestellte 59. Division, die, ungenügend

beweglich gemacht, im August an die Kanalküste geworfen wurde, hatten als Fahrer, Küchen- und Hilfspersonal russische oder tatarische Hilfswillige (Hiwis), die unbewaffnet waren, jedoch teilweise zum Wachdienst mit herangezogen wurden. In Holland war das Armenische Infanteriebataillon Nr. 812 eingesetzt. Beim Grenadierregiment 987 der 267. Division in Südfrankreich befanden sich Ukrainer, Donkosaken, Armenier, Aserbaidschaner, Nordkaukasier, Turkestaner und Wolgatataren. Gerade die Heeresgruppe G stellte ein Gemisch besonders unterschiedlicher Verbände dar. Dazu kam die verworrene Situation in Paris – der Machtkampf zwischen den deutschen Stellen, dem Militärbefehlshaber Frankreich, dem deutschen Botschafter, dem Bevollmächtigten

für den Arbeitseinsatz, dem Höheren SS- und Polizeiführer, dem Chef der Sicherheitspolizei und des SD, der Vichy-Regierung, der französischen Miliz –, kam die Unsicherheit weiterer Teile Frankreichs, vor allem im Mittel- und Südteil und in Hochsavoyen, durch die Partisanenbewegung der „Maquisarden" – benannt nach der mittelmeertypischen Gebüschvegetation des „Maquis" –, kam die latente oder offene Bürgerkriegssituation.
Um den Gegner über die eigene Schwäche zu täuschen, griff man beim Oberbefehlshaber West zu dem Aushilfsmittel, die Einschiebung neuer Divisionen durch falsche Quartiermacher vorzutäuschen. Schließlich mußte man eine besondere Liste über diese „Scheindivisionen" führen. Über den möglichen Ansatz-

Die mit europäischen Fertigungsgeschwindigkeiten rechnenden Strategen waren überrascht, wie schnell sich die materielle Überlegenheit der USA auf das Kriegsgeschehen auswirken sollte. Am Fließband produzierte die amerikanische Industrie gewaltige

Mengen an Flugzeugen, Panzern und Munition.
Bild linke Seite: **Blick in eine amerikanische Fabrikhalle, in der Bomber vom Typ „Flying Fortress" gefertigt werden.**
Rechts: **Produktion von 200-Kilo-Bomben.**

punkt des Gegners herrschten auch 1944 dagegen Meinungsverschiedenheiten. Rundstedt und anfangs auch Hitler glaubten an eine Landung im Pas de Calais. Rommel tippte anfangs auf die Sommemündung, dann auf die Seinebucht, schließlich – im Mai 1944 nach sorgfältiger Beurteilung aller immer deutlicher erkennbar werdenden Maßnahmen des Gegners – richtig auf die Küste zwischen Le Havre und Cherbourg. Allerdings hielt auch er die Gewinnung eines großen Hafens für entscheidend. Hitler schloß sich insofern dieser Ansicht an, als er eine Teillandung in der Normandie als wahrscheinlich annahm, der dann eine Hauptlandung im Pas de Calais zwecks Aufsplitterung der deutschen Verteidigung folgen würde. Auch das umgekehrte Verfahren schien denkbar. Immerhin kam auch er der Wahrheit näher. Noch nicht entschieden war, wie man der erwarteten Invasion am besten entgegentrat.

Links unten: **Generalfeldmarschall Erwin Rommel war seit dem 1. Januar 1944 Oberbefehlshaber der Heeresgruppe B in Frankreich. Differenzen mit dem ihm vorgesetzten Oberbefehlshaber West, Generalfeldmarschall Rundstedt, verhinderten, daß sein Konzept eines sofortigen Angriffs auf die Invasionstruppen voll durchschlagen konnte.** *Links oben:* **Deutsche Raketenwerfer am Atlantikwall.** *Rechte Seite oben:* **Blick auf die „Rommelspargel" genannte Küstenbefestigung, die aus simplen hölzernen Rammböcken zur Behinderung von Landungstruppen bestand (unten).**

Hitler meinte zunächst, man solle die gegnerischen Streitkräfte ruhig erst einmal an Land lassen, um sie dann zerschlagen zu können. Sollte die Invasion sofort abgeschlagen werden, dann würde sie wiederholt – immer wieder. Deshalb sollte die gegnerische Streitmacht völlig zerschlagen werden – und das könne man nur, wenn sie sich in einem Brückenkopf an Land befände. Auch Marschall Rundstedt war dieser Meinung. Rommel dagegen wollte die Invasionsgruppen gar nicht erst an Land lassen. Er war sich klar darüber, daß selbst eine noch halbwegs intakte Landungsflotte, wenn sie abgeschlagen wurde, eine Invasion nicht so bald wiederholen konnte. Zuviel gehörte zur Vorbereitung eines so gewaltigen Unternehmens, man mußte dann völlig von vorn beginnen.

Entsprechend diesen verschiedenen Auffassungen gab es auch unterschiedliche Meinungen darüber, wie die Reserven eingesetzt werden sollten. Wenn man den Landungspunkt nicht vorausbestimmen könne, dann müßten, so meinte Rundstedt, die Reserven relativ weit im Hinterland liegen, um gegebenenfalls von Süd nach Nord oder umgekehrt geworfen werden zu können. Man müßte diese Reserven verstreuen, um wenigstens überall etwas zu haben. Rommel dagegen, der schon in Afrika und Italien seine Erfahrungen mit der alliierten Luftüberlegenheit gemacht hatte und auch hier in Frankreich sah, daß schon jetzt deutsche Truppenbewegungen bei Tage kaum mehr möglich waren, sprach sich dafür aus, daß die Reserven, insbesondere die Panzerdivisionen, möglichst weit an die Küste heran sollten, und zwar zwischen der Seinemündung und Cherbourg. Dort und nirgendwo anders erwartete Rommel die Invasion. Dort also sollten auch die Reserven stehen, die sonst nie rechtzeitig zum Einsatzort gelangen konn-

ten. Hitler befahl eine Kompromiß-
lösung – die Infanteriereserven weit
nach vorn, die beweglichen Panzerdivisionen weiter zurück. Die
91. Luftlandedivision wurde als
Infanterie in die Normandie gelegt.
Die 21. Panzerdivision, die nach dem
Untergang der alten Division in
Afrika mühsam aus verschiedenartig-
sten Panzerfahrzeugen und selbst-
konstruierten Salvengeschützen zu-
sammengestellt worden war, wurde
in den Raum von Caen gelegt, allerdings für Rommels Intentionen nicht
weit genug vorgezogen. Rommel
beantragte die Stationierung der
kampfkräftigen 12. SS-Panzerdivision „Hitlerjugend" und der Panzer-
lehrdivision in den späteren
Kampfräumen Isigny-Carentan und
Avranches, er beantragte die Ver-
legung eines Flakkorps und einer
Werferbrigade in das mutmaßliche
Landungsgebiet, er forderte die Entsendung von Marinealarmeinheiten
aus den zahlreichen Ausbildungs-
und Landformationen der Kriegs-
marine im Reich nach Frankreich.
Diese Forderungen schienen zu weitgehend, 5000 Mann Marinealarm-
truppen wurden schließlich nach
Südostfrankreich entsandt. Das Gros
der Panzerdivisionen blieb als Panzergruppe West 50 und mehr Kilometer weit im Land, vor allem im
Seine-Loire-Dreieck.
Außerdem befahl Hitler: Was auch
geschehe, keine der Divisionen dürfe
sich ohne seinen ausdrücklichen
Befehl in Bewegung setzen.
Den Zeitpunkt der Invasion versuchte man auch vorauszubestimmen.
Man wußte, welche meteorologi-
schen und zeitlichen Voraussetzungen der Gegner beachten mußte. Im
modernen Krieg entscheidet oft nicht
der Militär, sondern der Wissen-
schaftler über Ort und Stunde einer
militärischen Operation. Für die
Invasion mußte das Wetter im
Landepunkt gut sein, damit die über-
legene alliierte Luftwaffe eingesetzt
werden konnte. Angriffe der
Bomberflotten auf Flächenziele
waren dank Radar schon längst auch
bei schlechtestem Wetter möglich.
Aber die an der Front entscheidenden

Jagdbomber und Schlachtflieger, die
Transportkolonnen, einzelne Ar-
tilleriestellungen, Widerstandsnester
der Infanterie, Panzerbereitstellun-
gen und Straßenkreuzungen angreifen sollten, brauchten gute Sicht. Bei
Nebel und Regen war ihr Einsatz
sinnlos.
Die Gezeiten mußten genau berech-
net werden. Das Wasser an der Küste
durfte nicht so hoch sein, daß die
Landungsboote direkt vor der
Steilküste ankamen. Die Soldaten
mußten während der Ebbe auf dem
der Küste vorgelagerten Sandstreifen
Fuß fassen können. Es durfte aber
auch keine volle Ebbe sein. Die Flut

**20 Millionen Ton-
nen Kriegsmate-
rial für die Inva-
sionsarmee muß-
ten von England
zum Festland
transportiert wer-
den. Trotz der
großen Flotte von
Landungsbooten
war man für das
Ausladen so ge-
waltiger Mengen
von Kriegsmate-
rial auf Häfen
angewiesen, und
zwar auf Häfen,**

**die in der ersten
Invasionsphase
zur Verfügung
stehen mußten.
Das Problem
wurde mit künst-
lichen Häfen, den
sogenannten
Mulberries
bewältigt. Chur-
chill selbst hatte
die Idee hierzu
geliefert. An der
französischen
Küste wurden mit
schnell binden-
dem Zement bela-**

dene Schiffe als improvisierte Wellenbrecher versenkt. Sie waren durch Stahlbetonrohre miteinander verbunden. Dieses System wurde dann zusätzlich mit riesigen Senkkästen, Phönix genannt, verstärkt. Im Schutz der so entstandenen Molen konnten bis zu

sieben Liberty-Schiffe und etwa 30 Landungsboote gleichzeitig entladen werden. Die englische Darstellung zeigt den Bau der Senkkästen. Die Betonkästen hatten die Höhe eines fünfstöckigen Wohnhauses und wurden über den Kanal geschleppt.

mußte bereits im Steigen begriffen sein, sonst würden die Landungsboote festlaufen und keine weiteren Truppen heranbringen können. Einige Stunden vor der Landung mußte der Mond scheinen, um den als ersten angreifenden Fallschirmjägern und Luftlandetruppen mit ihren Lastenseglern genügend Sicht zu geben.

Noch mehr komplizierte Bedingungen waren zu berücksichtigen, wenn die Landung erfolgreich sein sollte. Alle diese Bedingungen trafen nur ungefähr alle vier Wochen zu – bis auf Unsicherheiten beim Wetter, das man so genau nicht für längere Zeit

voraussagen konnte. Im Juni 1944 stimmten die notwendigen Bedingungen nur am 5., 6. oder 7. dieses Monats. Das Wetter aber war schlecht, die bereits für den 5. Juni vorgesehene Invasion wurde noch einmal um zunächst vierundzwanzig Stunden verschoben.

Auf deutscher Seite war man beruhigt. Man kannte selbst die für eine Landung notwendigen Voraussetzungen und konnte danach sagen, wann die Gefahr einer Landung bestand und wann auf keinen Fall damit gerechnet werden mußte. Generalfeldmarschall Rommel fuhr am 5. Juni auf Urlaub nach Hause. Die Meteorologen hatten versichert, daß das schlechte Wetter noch mehrere Tage anhalten werde. Danach aber träfen die anderen Voraussetzungen für eine Landung nicht mehr zu. Eisenhower, der Oberbefehlshaber der alliierten Landungsstreitkräfte, befragte ebenfalls seine Meteorologen. Die Truppen waren schon seit Tagen eingeschifft. Seekrankheit machte sich bemerkbar. Die hygienischen Verhältnisse auf den räumlich beengten Landungsschiffen waren naturgemäß indiskutabel. Wenn noch lange gewartet wurde, dann waren die Truppen auch ohne Feindeinwirkung bald nicht mehr kampffähig. Die alliierten Meteorologen waren anderer Meinung als ihre deutschen Kollegen. Sie sagten mit „an Sicherheit grenzender Wahrscheinlichkeit" eine kurze, vorübergehende Wetterbesserung an der Normandieküste für die kommende Nacht, die vom 5. zum 6. Juni, voraus. Genau wissen konnten sie das natürlich auch nicht – Garantien gibt es für eine solche, auf einige bestimmte Stunden berechnete Voraussage, noch dazu für ein ganz kleines Gebiet, nicht. Entscheiden mußte der militärische Befehlshaber, und die Verantwortung für einen möglichen Fehlschlag, weil die Luftlandetruppen etwa in Finsternis und Regen ihre Ziele verfehlten, mußte er auch tragen.

Eisenhower entschied sich: Wir laufen aus! Heute beginnt die Invasion, das Unternehmen „Overlord"!

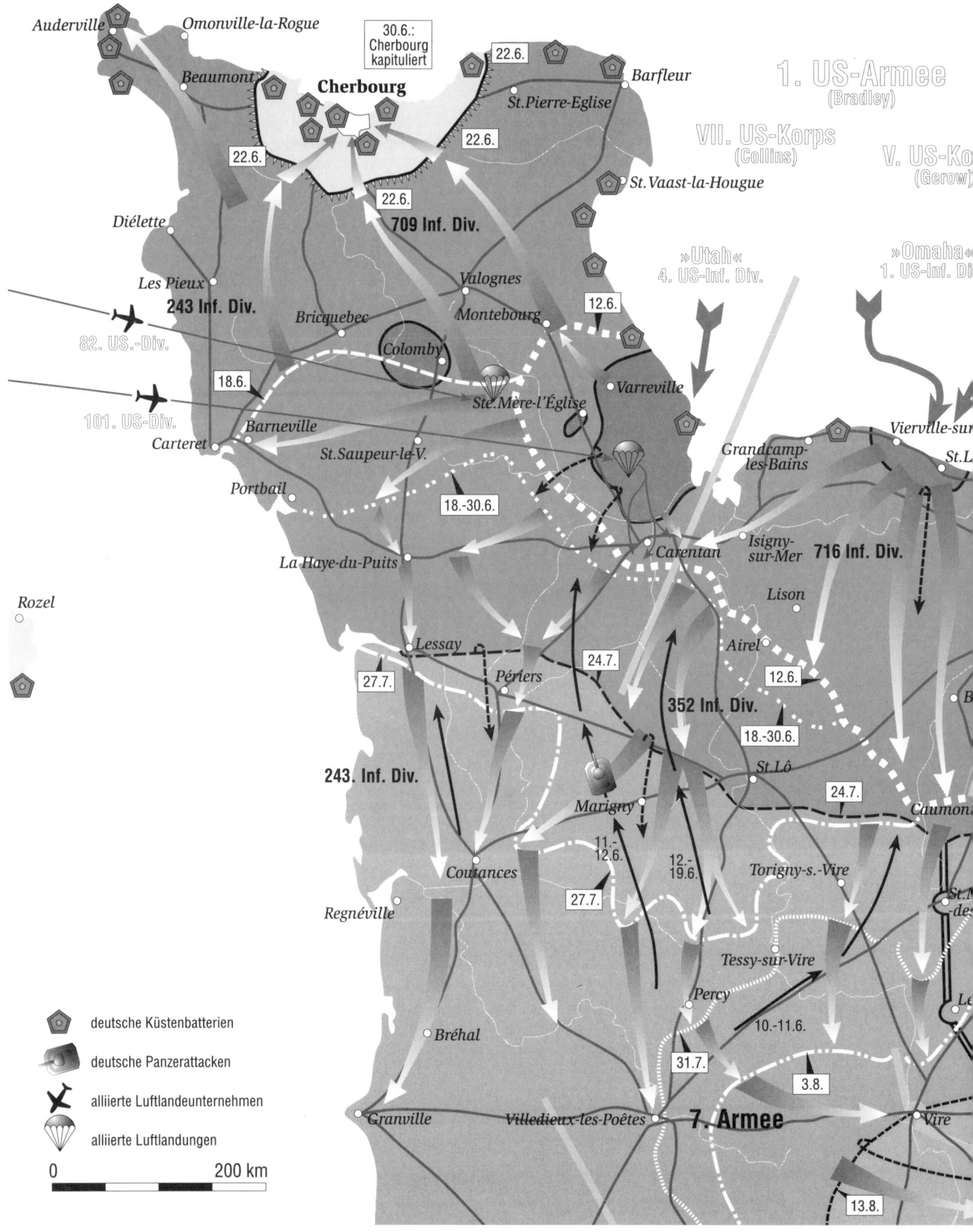

Auderville
Omonville-la-Rogue
Beaumont
Cherbourg
30.6.: Cherbourg kapituliert
22.6.
22.6.
22.6.
St.Pierre-Eglise
Barfleur
22.6.
St.Vaast-la-Hougue
1. US-Armee (Bradley)
VII. US-Korps (Collins)
V. US-Ko (Gerow)
Diélette
709 Inf. Div.
Les Pieux
243 Inf. Div.
Bricquebec
Valognes
Montebourg
12.6.
»Utah« 4. US-Inf. Div.
»Omaha« 1. US-Inf. Di
Colomby
Ste.Mère-l'Église
Varreville
82. US.-Div.
18.6.
101. US.-Div.
Barneville
Carteret
St.Saupeur-le-V.
18.-30.6.
Grandcamp-les-Bains
Vierville-sur
St.L
Portbail
La Haye-du-Puits
Carentan
Isigny-sur-Mer
716 Inf. Div.
Lison
Rozel
Lessay
Périers
24.7.
Airel
12.6.
27.7.
352 Inf. Div.
18.-30.6.
St.Lô
243. Inf. Div.
Marigny
24.7.
Caumon
11.-12.6.
12.-19.6.
Torigny-s.-Vire
St.
de-
Coutances
27.7.
Regnéville
Tessy-sur-Vire
Le
Percy
10.-11.6.
Bréhal
31.7.
3.8.
Granville
Villedieux-les-Poêtes
7. Armee
Vire
13.8.

deutsche Küstenbatterien
deutsche Panzerattacken
alliierte Luftlandeunternehmen
alliierte Luftlandungen
0   200 km

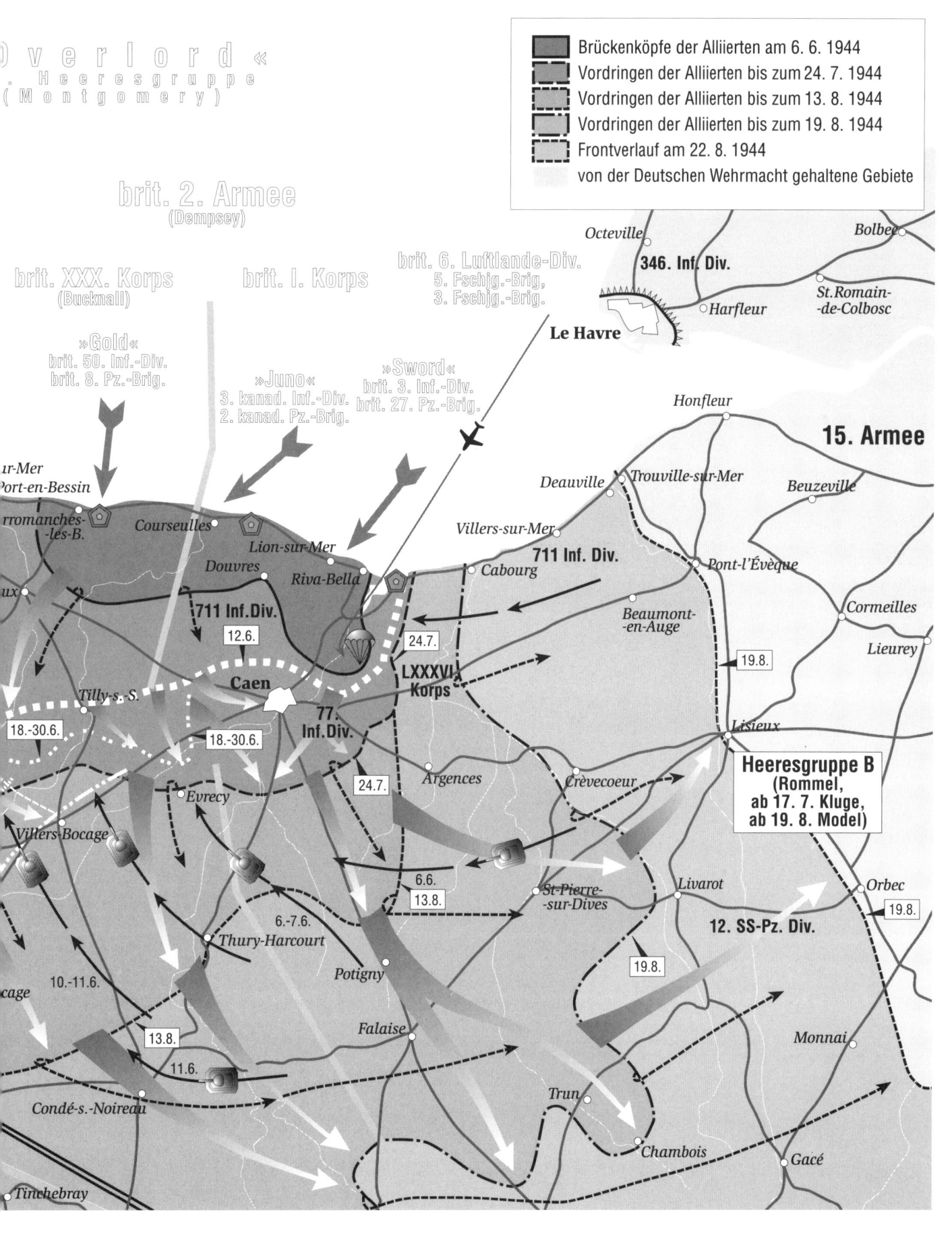

»Overlord«
21. Heeresgruppe
(Montgomery)

brit. 2. Armee
(Dempsey)

brit. XXX. Korps
(Bucknall)

brit. I. Korps

brit. 6. Luftlande-Div.
5. Fschjg.-Brig,
3. Fschjg.-Brig.

»Gold«
brit. 50. Inf.-Div.
brit. 8. Pz.-Brig.

»Juno«
3. kanad. Inf.-Div.
2. kanad. Pz.-Brig.

»Sword«
brit. 3. Inf.-Div.
brit. 27. Pz.-Brig.

	Brückenköpfe der Alliierten am 6. 6. 1944
	Vordringen der Alliierten bis zum 24. 7. 1944
	Vordringen der Alliierten bis zum 13. 8. 1944
	Vordringen der Alliierten bis zum 19. 8. 1944
	Frontverlauf am 22. 8. 1944
	von der Deutschen Wehrmacht gehaltene Gebiete

Octeville   *Bolbec*

346. Inf. Div.

Harfleur   *St.Romain-de-Colbosc*

Le Havre

Honfleur

15. Armee

Deauville *Trouville-sur-Mer*   *Beuzeville*

Villers-sur-Mer   *Pont-l'Évêque*

711 Inf. Div.   *Cormeilles*

Cabourg   *Lieurey*

Beaumont-en-Auge

ur-Mer
Port-en-Bessin

rromanches-les-B.   *Courseulles*

Lion-sur-Mer

Douvres

Riva-Bella

711 Inf.Div.

`12.6.`

ux

`24.7.`   `19.8.`

Lisieux

LXXXVI
Korps

Tilly-s.-S.   **Caen**

`18.-30.6.`

`18.-30.6.`   **77.**
Inf.Div.

`24.7.`   *Argences*   *Crèvecoeur*

Heeresgruppe B
(Rommel,
ab 17. 7. Kluge,
ab 19. 8. Model)

Evrecy

Villers-Bocage

`6.6.`   *St-Pierre-sur-Dives*   *Livarot*   *Orbec*

`13.8.`   `19.8.`

`6.-7.6.`   *Thury-Harcourt*   **12. SS-Pz. Div.**

`10.-11.6.`   *Potigny*   *Monnai*

`13.8.`   *Falaise*

`11.6.`

Condé-s.-Noireau   *Trun*

Chambois   *Gacé*

Tinchebray

Die Invasion

In einer mondlosen Januarnacht des Jahres 1944 schoben sich zwei Männer in schwarzen Gummianzügen durch die schwache Brandung auf den Strand der Normandie bei Vierville-sur-Mer. Sie horchten lange, stießen dann eine kleine Stange in den Sand, an der eine feine Angelschnur befestigt war, und krochen den Strand hinauf, rollten die Schnur aus und stocherten vor sich mit langen Kampfmessern nach Minen. Alle zehn Meter war an ihrer Schnur eine Kugel befestigt. Sobald ihnen eine davon durch die Finger glitt, nahmen sie eine Bodenprobe. So kamen sie bis zu einer flachen Naturstein-Mauer am Fuß der Dünen. Sie verschnauften und ordneten die zahllosen Säckchen mit den Bodenproben, als plötzlich ein scharfer Ruck durch die Angelleine ging und unten am Strand ein paar saftige Flüche auf Deutsch ertönten. Die beiden Männer erstarrten und packten ihre Messer fester. Würde der deutsche Posten,

der offenbar über ihre Schnur gestolpert war, Alarm schlagen? Sie starrten in die pechschwarze Nacht und hörten ihn brummeln. So wie sie sollten knapp fünf Monate später Trauben von amerikanischen Soldaten hinter dieser Mauer hocken, gelähmt vor Entsetzen über die Wut des Abwehrfeuers, das ihnen aus deutschen Stellungen entgegenschlug und den Strand mit den Körpern ihrer Kameraden bedeckte. Zum Fluch „Bloody Omaha!" würden sie den Decknamen ihres Landeabschnittes erweitern, dessen Sand das Blut Tausender tränken sollte. Die beiden Männer in den Gummianzügen aber kamen davon. Der Posten murrte noch ein wenig herum und zog dann weiter, offenbar unberührt von der Tatsache, daß eine straff gespannte Leine am Strand der Normandie nichts zu suchen hatte. Und die beiden Kampfschwimmer, Major Logan Scott-Bowden und Feldwebel Ogden Smith, konnten bei ihrer Rückkehr

nach England nicht nur Aufschluß geben über die genaue Bodenbeschaffenheit am Strand vor Vierville, sondern auch mitteilen, daß dort keine Minen liegen, „weil deutsche Posten mitten in der Nacht am Strand herumlaufen".

Feldwebel Smith war einer jener unmilitätischen Querköpfe, ohne die keine Spezialeinheit auskommen kann. Seine Vorgesetzten hätten ihn gern zum Offizier gemacht, aber ihm gefiel die nächtliche Schwimmerei zu gut: „Nicht zu blutrünstig und doch ganz schön aufregend." Zusammen mit Major Scott-Bowden schob er in diesem Winter und Frühjahr seine scharfgeschnittene Nase durch den Sand von mindestens 30 Stränden an Frankreichs Nordküste, denn sie wurden vorsichtshalber nicht nur an die Normandie-Küste geschickt: Im Falle einer Gefangennahme sollten sie nicht in der Lage sein, Aufschluß über den geplanten Ort der Invasion zu geben.

Bild linke Seite:
D-Day, 06.30 Uhr: Die erste Welle alliierter Truppen stürmt aus den Landungsbooten an Land. Als der britische General Frederick E. Morgan im Dezember 1943 mit der technischen Vorbereitung der Invasion begann, waren die Boote noch nicht einmal gebaut, zum Teil noch nicht einmal geplant.

Rechts:
Den landenden US-Soldaten kam zugute, daß die deutsche Führung mit anderen Landeräumen gerechnet hatte und wegen Uneinigkeit ihre Kräfte verzettelte. Dennoch kostete die Invasion viele GIs das Leben. Die gewonnenen Brückenköpfe ließen sich wesentlich langsamer als erwartet ausbauen.

Aber dank ihrer nächtlichen Tätigkeit wußten die Planer des Unternehmens „Overlord", der britisch-amerikanischen Invasion in die „Festung Europa", auf welchen Strandabschnitten Panzer ungehindert rollen konnten, welchen Sandbänken die Landungsboote auszuweichen hatten und dergleichen mehr. Ihre Unternehmungen waren typisch für Phantasie, Sorgfalt und Zähigkeit, mit denen die Alliierten ihre Landung vorbereiteten.

Nicht einmal in den schwärzesten Stunden seines Landes hatte der britische Premierminister Winston Churchill den Gedanken an eine Rückkehr auf das europäische Festland aufgegeben; nach der Niederwerfung Frankreichs allein der gewaltigen Kriegsmaschinerie der Achsenmächte gegenüberstehend, hatte sein Volk doch Schritt für Schritt seine Position verbessert, die Luftschlacht um England bestanden, die Schlacht im Atlantik mit US-Hilfe gewonnen.

Nun stand auch die Sowjetunion im Krieg mit Deutschland, Japans Überfall auf Pearl Harbor zog im Dezember 1941 auch die Vereinigten Staaten mit hinein. Als Churchill unmittelbar darauf per Schiff zu Roosevelt reiste, erzitterte das Empire ebenso wie Amerika unter den Schlägen des Tenno, stürmten Japans Soldaten unaufhaltsam vorwärts, die

Von den Alliierten 18 Monate vorbereitet, von den Sowjets jahrelang gefordert und von den Deutschen lange erwartet, begann am 6. Juni 1944 in der Normandie die Invasion. Die Alliierten hatten für ihr größtes und riskantestes Unternehmen 3,5 Millionen Soldaten, über 20 000 Flugzeuge, 3500 Lastensegler und mehr als 5000 Kriegs- und Handelsschiffe und Landungsboote aufgeboten. *Bild links:* Dicht zusammengekauert erwarten US-Soldaten auf ihren Sturmbooten den Einsatzbefehl. Von der Landung

in der Normandie war die deutsche Führung völlig überrascht worden. Die Alliierten landeten an fünf mit Decknamen versehenen Küstenabschnitten gleichzeitig: in „Utah" und „Omaha" die Amerikaner, in „Sword" und „Gold" die Briten und in „Juno" die Kanadier.
Bild oben:
Schwimmend versucht ein US-Soldat sich in der Normandie an Land zu retten.

Malaiische Halbinsel hinunter und über Singapur und die indonesischen Inseln auf Australien zu, beherrschte Hitler fast ganz Europa und schien auch in Rußland zu siegen. Aber noch an Bord formulierte Churchill ein Memorandum über die Notwendigkeit einer gigantischen Landeoperation im besetzten Europa.

Im hektischen Geschäft des Kriegsmanagements fand der fast Siebzigjährige immer wieder Zeit, sich bis in technische Einzelheiten mit seiner großen Vision zu beschäftigen. Am 30. Mai 1942 diktierte er eine Weisung an Lord Louis Mountbatten, der die alliierten Landeoperationen

befehligte, über den Bau künstlicher Häfen, deren Kopfenden draußen im Wasser schwimmen sollten. Die Weisung schloß: „Sie müssen sich mit den Gezeiten heben und senken. Die Verankerungsfrage muß gelöst werden. Die Schiffe müssen an der Seite eine Klappe haben und eine Zugbrücke, die lang genug ist, um die Vertäuung zu überbrücken. Lassen Sie die besten Lösungen ausarbeiten."

Die „Mulberries" (englische Tarnbezeichnung = Maulbeeren), die aus dieser Idee geboren wurden, sollten dann zu den entscheidenden Hilfsmitteln der Invasion werden. Beiden

25

Seiten war klar, daß selbst eine zunächst geglückte Landung scheitern mußte, wenn der Nachschub nicht funktionierte. Der Bedarf an Munition, Brennstoff und Verpflegung für eine Invasionstruppe, die stark genug war, um sich von See nach Frankreich hineinzukämpfen, mußte in Tausenden von Tonnen täglich gemessen werden. Und es bestand keine Hoffnung, früh genug einen intakten Hafen mit entsprechender Kapazität zu erobern. Überlegungen dieser Art entschieden auch über die Wahl des Platzes, an dem der Einfall stattfinden sollte. Nur scheinbar bot der Pas de Calais,

die engste Stelle des Kanals, auch die kürzesten Anmarschwege. In Wirklichkeit waren jedoch die beiden Calais gegenüberliegenden Häfen Dover und Folkestone viel zu klein. Die Versorgungsflotte hätte nicht nur aus der Themsemündung, sondern von der gesamten englischen Südküste, insbesondere den großen Häfen zwischen Plymouth und Brighton, zum Platz der Landung dampfen müssen.

Diesen gegenüber aber lag verlockend die Halbinsel Cotentin, deren östliche Küste einen gewissen Schutz gegen die vorherrschenden Westwinde bot, die weit weniger be-

„Die Invasion ist einen Tag älter. Ich bin nicht sehr glücklich über die Lage. Das amerikanische V. Korps scheint festzustecken. Wir gewinnen nicht genug Boden, und die deutschen Kräfte versammeln sich schnell. Ich wünschte, wir landeten an einer breiteren Front"

heißt es im Tagebuch eines amerikanischen Generals zum 7. Juni 1944.
Oben:
Schwere Kompanie einer SS-Panzerdivision in Fliegertarnung.
Rechte Seite:
In Deckung vor einen Jagdbomber-Angriff der Alliierten

festigt war als der Bereich um Calais und immer noch nah genug, um den alliierten Fliegern mehrere Starts täglich zu ermöglichen.

Die Alliierten unternahmen fast etwas zu auffällige Anstrengungen, um die deutsche Seite auf den Pas de Calais hinzuweisen. Eine Geisterflotte aus Landungsboot-Attrappen wurde um Dover zusammengezogen, Militärlager vorgetäuscht, das Gebiet um Calais viel stärker allnächtlich bombardiert als jeder andere Bereich der Küste.

Als Churchill seinem auf die Invasion drängenden Verbündeten Stalin in Teheran davon erzählte, verursachte er Entzücken (und Ablenkung) des Sowjet-Marschalls mit der Bemerkung: „Im Kriege ist die Wahrheit so kostbar, daß sie nie anders als mit einer Leibwache von Lügen auftreten sollte."

Die Lügen-Leibwache vom Pas de Calais schützte die Wahrheit Normandie perfekt. Hitler glaubte noch an ein Ablenkungsmanöver und einen Hauptstoß weiter östlich, als

die Schlacht in der Normandie so gut wie verloren war.

Erst gegen Ende 1943 war ein Mann nach Frankreich geschickt worden, der den alliierten Befehlshabern an Phantasie und Verständnis für die technische Seite des Krieges ebenbürtig war: Generalfeldmarschall Erwin Rommel. Er besichtigte in Hitlers Auftrag den „Atlantikwall" – und war entsetzt. Der verantwortliche Oberbefehlshaber West, Generalfeldmarschall Gerd von Rundstedt, bezeichnete die Befestigung an Frankreichs Nordküste Rommel gegenüber ungerührt als „Propagandawall".

Rommels englischer Biograph Ronald Lewin charakterisiert ihn treffend als „den Mann, der in seiner Jugend kein Motorrad besitzen konnte, ohne es sofort auseinanderzunehmen und wieder zusammenzusetzen", der auch in hohen militärischen Führungspositionen immer bereit gewesen sei, praktische Ratschläge zu geben für den Bau einer Brücke, das Aussuchen von Feuerstellungen

oder Räumen eines Minenfeldes. Dieser Mann stürzte sich in die Aufgabe, die Küste zu sichern. Ein halbes Jahr später hatte sich die Zahl der dort verlegten Minen auf rund sechs Millionen verdreifacht, standen raffinierte, mit Sprengkörpern bewehrte Hindernisse rommelscher Konstruktion in der Brandung, waren auf allen ebenen Flächen an der Küste und im Hinterland kräftige Pfähle eingerammt, die feindliche Lastensegler an der Landung hindern sollten und „Rommelspargel" genannt wurden. Andere Flächen ließ er durch das Anstauen von Flüssen überfluten. Im Frühsommer 1944 war Rommel noch längst nicht zufrieden; die Zahl der Minen sollte auf 50 Millionen erhöht, die Befestigungen der Küstenbatterien und Bunker verstärkt werden, denn er sah Bombenteppiche und Trommelfeuer voraus.

Während der Feldmarschall unermüdlich schanzende Einheiten antrieb, französische Fabriken für die Herstellung von zusätzlichen Minen

und Zement einspannte, Zivilisten durch die Ausgabe von Verpflegung zum Eingraben von „Rommel-spargeln" anwarb und nach den Worten von Admiral Ruge eine Atmosphäre von Gleichgültigkeit und vager Hoffnung unter die Vorzeichen von harter Arbeit und klaren Plänen stellte, blieb dieser Wandel an den Kartentischen der höheren Stäbe aus.

Der Oberbefehlshaber West, Rundstedt, der seinen Kollegen Rommel „Marschallbubi" zu nennen pflegte, war über die Entsendung des jüngeren Marschalls als nur Hitler unterstelltem Inspekteur in seinen Befehlsbereich ziemlich ergrimmt. Auf sein Ersuchen wurde Rommel schließlich als Oberbefehlshaber der Heeresgruppe B, deren Einheiten die gesamte Nordküste von den Niederlanden bis zur Bretagne bewachten, dem Oberbefehlshaber West unterstellt. Rundstedt, Aristokrat und Generalstäbler alter Schule, hatte den „Propagandawall" mit herzlicher Gleichgültigkeit betrachtet, weil er ohnehin nicht an den Erfolg einer Abwehrschlacht auf dem Strand glaubte. Er wollte die alliierten Armeen kommen lassen und seine Triumphe im weiträumigen Bewegungskrieg von Polen 1939, Frankreich 1940 und Rußland 1941 wiederholen. Aber im Gegensatz zu Rommel hatte er noch nie unter feindlicher Luftherrschaft Krieg geführt ...

Rommel wußte aus bitteren afrikanischen und italienischen Erfahrungen, daß unter solchen Umständen die Möglichkeiten der nun schon klassischen, schnellen Panzervorstöße begrenzt waren. Daß man nur noch im Nahkampf mit dem Gegner relativ sicher war vor den entnervenden,

„Ich habe dem Hause mitzuteilen, daß wir im Laufe der heutigen Nacht und der frühen Morgenstunden die erste einer Reihe von Großlandungen auf dem europäischen Festland vorgenommen haben", verkündete Premierminister Churchill am 6. Juni 1944 vor dem Unterhaus.

29

vernichtenden Schlägen aus der Luft. Er forderte deshalb, auch die Panzerdivisionen unmittelbar hinter der Küste zu stationieren, während Rundstedts Konzept logischerweise die Konzentration von Panzer-Eingreifreserven weit im Hinterland vorsah.

Heraus kam ein Kompromiß. In der Normandie wurde die 21. PzDiv. immerhin in den Raum Caen vorgezogen, aber die 12. SS-PzDiv. „Hitlerjugend" und die kampfkräftige Panzer-Lehrdivision lagen weitgestaffelt dahinter bis in den Raum Orléans und waren überdies als OKW-Reserve dem Führer-Hauptquartier direkt unterstellt, was sich angesichts der dort besonders starken „Calais-Gläubigkeit" katastrophal auswirken sollte. Auf alliierter Seite war der US-General Dwight D. Eisenhower zum Obersten Befehlshaber der Invasionsstreitkräfte ernannt worden, während Rommels alter Gegenspieler aus Afrika, Bernard Montgomery, in den ersten Phasen der Landung und der Konsolidierung der Brückenköpfe die gesamten britisch-amerikanischen Landstreitkräfte befehligen sollte. Man kann kaum von Liebe zwischen Eisenhower und Montgomery sprechen; aber es herrschten klare Befehlsverhältnisse und absolute Einigkeit über die Konzeption für die ersten 90 Tage.

Gemeinsam hatten die beiden Generäle bei ihren politischen Führern durchgesetzt, daß „D-Day" (Decision-day = Tag der Entscheidung) trotz Stalins Drängen von Mai auf Juni verschoben wurde, damit man eine weitere Monatsproduktion an Landungsbooten zur Verfügung hatte und noch stärkere Streitkräfte als zunächst geplant in erweiterten Landeräumen einsetzen konnte. Sie waren einig in den Entscheidungen, während der Nacht zuvor starke Luftlande-Einheiten per Fallschirm und Lastensegler im Hinterland abzusetzen; die amphibische Operation mit einsetzender Flut zu beginnen und lieber einen Angriffslauf über den Strand in Kauf zu nehmen, als die Landungsboote auf Rommels

minengespickte Hindernisse treffen zu lassen.

Die findigsten Köpfe des angelsächsischen Raums tüftelten an Hilfsmitteln, der Mut und die Opferbereitschaft der landenden Soldaten sollte unterstützt werden durch die industrielle Kraft und die technische Begabung der mächtigsten Völkergruppe der Welt.

Die wichtigsten Leute aber auf beiden Seiten waren die Meteorologen. Die Alliierten wünschten sich natürlich klares Sommerwetter mit unbegrenzter Sicht für die Flieger, dazu möglichst wenig Wind. Und zwar am

5., 6. oder 7. Juni, denn an diesen Tagen traf alles zusammen, was man sonst noch brauchte: mondhelle Nächte für die Luftlande-Einheiten, Einsetzen der Flut etwa mit dem ersten Morgengrauen.

Aber Anfang Juni zog ein ausgedehntes Tiefdrucksystem mit Regenschauern, tiefhängenden Wolken und Wind vom Atlantik über Westeuropa hinweg. Die zunächst für den 5. Juni geplante Operation wurde mühsam gestoppt. In den Morgenstunden desselben Tages wurde Eisenhower von den Meteorologen unterrichtet, daß unter den von Westen heranziehen-

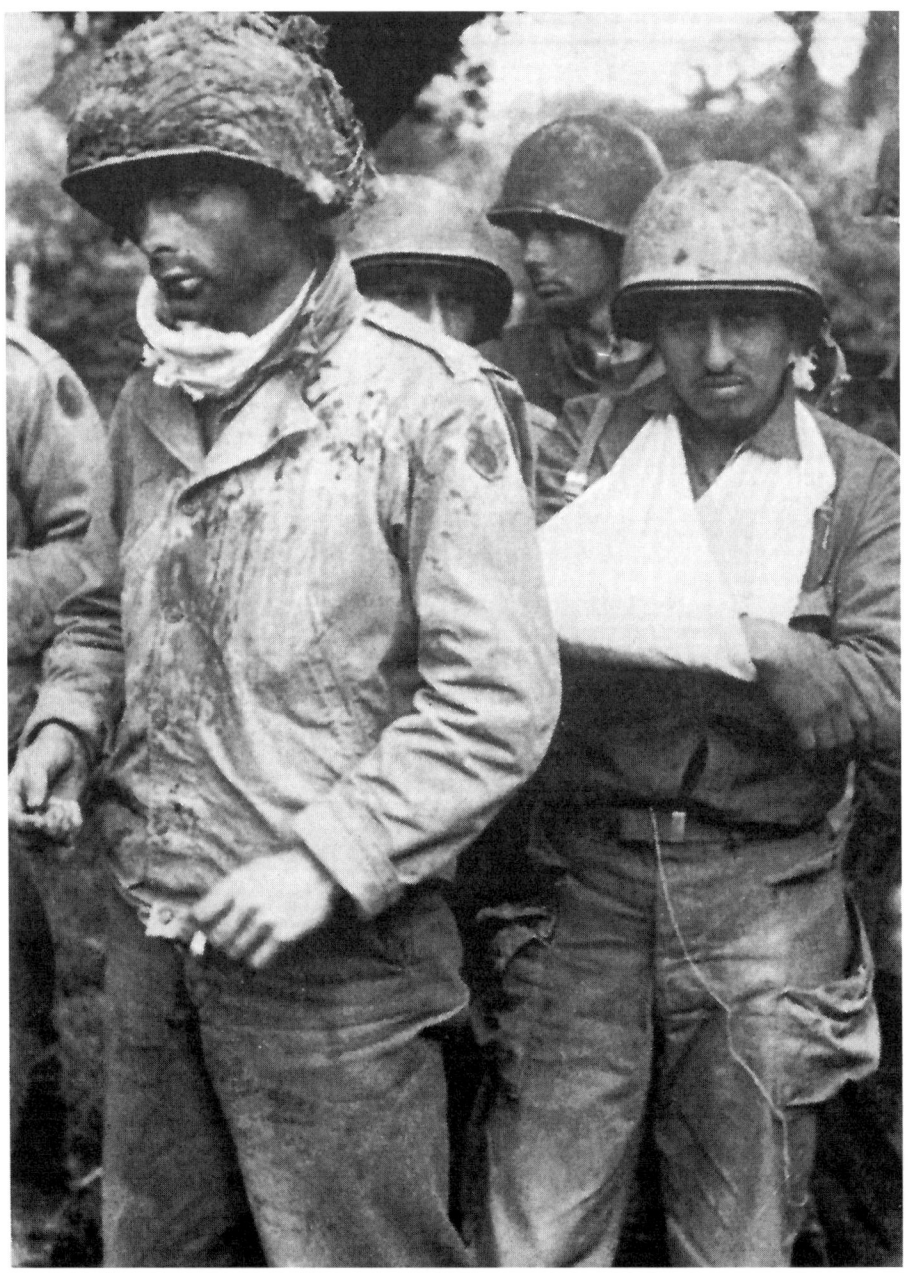

„Unter dem Kommando von General Eisenhower haben Marinestreitkräfte am Dienstag mit Unterstützung starker Luftstreitkräfte mit der Landung alliierter Armeen an der Nordküste Frankreichs begonnen", wurde am 6. Juni 1944 aus dem Hauptquartier des Generals Eisenhowers gemeldet.
Oben:
Einschiffung amerikanischer Invasionstruppen in England.
Linke Seite:
Deutsche Fallschirmjäger haben bei einem örtlichen Vorstoß diese amerikanischen Gefangenen eingebracht.

den Störungen ein kleines Zwischenhoch sei, das eine gewisse Wetterbesserung für den 6. Juni erwarten lasse. Daraufhin gab der Oberste Befehlshaber den Einsatzbefehl. Eine gigantische Maschinerie setzte sich unaufhaltsam in Bewegung.

Auf deutscher Seite hingegen waren die Meteorologen sicher, daß vorerst keine Wetterbesserung zu erwarten sei. Ihnen fehlten die Informationen aus weiträumigen Wetterbeobachtungen; der Atlantik, die Wetterküche Westeuropas, gehörte den Alliierten. Das Oberkommando der 7. Armee befahl alle Generäle mit je zwei unterstellten Kommandeuren zu einer Besprechung nach Rennes. Rommel ließ sich vom OB West beurlauben und fuhr nach Deutschland.

Und doch gab es deutsche Dienststellen, die genau wußten, daß die Invasion unmittelbar bevorstand. Die deutsche Abwehr hatte erfahren, daß die französischen Widerstandsorganisationen verschlüsselt über den britischen Rundfunk (BBC) vorgewarnt werden sollten. Sobald in einer der französischen BBC-Sendungen die erste Zeile des Herbstgedichtes von Paul Verlaine („Les sanglots long des violons de l'automne ... ") zitiert würde, sollte Alarmbereitschaft herrschen. Die Durchgabe der zweiten Zeile („ ... blessent mon coeur d'une langueur monotone.") bedeutete: Innerhalb der nächsten 48 Stunden geht es los!

Die Nachrichtenstelle der am Pas de Calais liegenden 15. Armee hörte die erste Zeile am 1., 2. und 3. Juni. Die zweite Zeile wurde von der BBC am 5. Juni um 21.15 Uhr gesendet. Der Oberbefehlshaber der 15. Armee,

Generaloberst von Salmuth, versetzte seine Einheiten in höchste Alarmbereitschaft und gab die brandheiße Nachricht mit Vorrang weiter. OKW in Rastenburg, OB West, Heeresgruppe B, alle Militärbefehlshaber in Belgien und Frankreich wurden unterrichtet.

Geheimnisvollerweise geschah ausserhalb des Bereichs der 15. Armee nichts. Das OKW-Kriegstagebuch gibt keine Auskunft, Rundstedt soll verächtlich gesagt haben: „Eisenhower kündigt die Invasion doch nicht über BBC an!" So ergab sich die groteske Situation, daß am Pas de Calais jedermann in Bereitschaft stand, während in der Normandie alles seinen Gang nahm.

Die Generäle Heinz Helmich (243. Inf.-Div.), Wilhelm Falley (91. Luftlandediv.) und Karl-Wilhelm von Schlieben (709. Inf.-Div.) fuhren los, um von ihren Quartieren auf der Halbinsel Cotentin rechtzeitig zur Besprechung nach Rennes zu kommen. Der Marineoberbefehlshaber West, Admiral Theodor Krancke, fuhr nach Bordeaux.

Im Hauptquartier des 26. Jagdgeschwaders in Lille brach Oberst Josef („Pips") Priller, ein As mit 96 Abschüssen, zusammen mit seinem Rottenkameraden Feldwebel Heinz Wodarczyk wütend einer Flasche Cognac den Hals. Draußen auf dem Flugfeld standen vereinsamt ihre beiden Maschinen vom Typ FW 190. Ein paar Stunden zuvor waren es noch 124 gewesen. Aber das Geschwader war wegen der Gefährdung durch feindliche Luftangriffe nach Osten zurückgezogen worden. „Wenn die Invasion kommt, sollen wir sie wohl alleine aufhalten", fluchte Priller. „Da fangen wir besser schon mal an, uns zu besaufen."

Die Luftlage war für die deutsche Seite ohnehin zum Verzweifeln. Seit die Amerikaner den Aktionsradius ihrer Begleitjäger durch Zusatztanks auf 1350 km vergrößert hatten, flo-

„Die Strategie der Landung in der Normandie ist ganz klar und einfach. Die Briten (auf dem linken Flügel) müssen halten und die Deutschen vom Westflügel weg auf sich ziehen, während die Amerikaner in die offene Bretagne schwenken. Aber hier beginnt der Verdruß; die Presse hakt ein, und wir bekommen zu hören, daß die Briten nichts täten und keine Verluste hätten, während die Amerikaner die ganze Last des Krieges trügen", heißt es im Tagebuch des britischen Generals Alan Brooke vom 27. Juni 1944.
Oben:
Britische Landungstruppen.
Rechte Seite oben:
Uhrenvergleich amerikanischer Fallschirmjäger.
Rechte Seite unten:
Erste deutsche Gefangene an der Invasionsfront.

gen ihre schweren Bomber nahezu ungehindert Tagesangriffe über Westeuropa und dem Reichsgebiet. Ihre Präzisions-Bombenteppiche waren insbesondere durch die Zerschlagung des Eisenbahnnetzes von Bedeutung für die Invasion. Am Morgen des 6. Juni war zum Beispiel keine Brücke der Seine zwischen Paris und der Seine-Mündung mehr benutzbar. Eine Art „Eisenbahnwüste" rund um die Normandie, schreibt Montgomery in seinen Memoiren.

Zumindest ein deutscher Stab ist am Abend des 5. Juni 1944 voll besetzt: Im Gefechtsbunker des zur 7. Armee gehörenden LXXXIV. Armeekorps in St. Lô, dem die fünf Divisionen im Küstenbereich von der Halbinsel Cotentin bis zur Mündung der Orne unterstehen, studiert der beinamputierte 53jährige General Erich Marcks die Lagekarten. Marcks will sich nicht nur auf die geplante Besprechung in Rennes vorbereiten.

Der Stab ist beunruhigt durch die heftige Aktivität der feindlichen Luftwaffe seit Einbruch der Dunkelheit. Ordonnanzen haben ein paar Flaschen Chablis bereitgestellt: Um Mitternacht beginnt der Geburtstag des Generals. Aber als die Uhr vom Turm der Kathedrale zwölfmal schlägt, trinkt jeder nur schnell ein Gläschen im Stehen. General Marcks kann Feierlichkeiten ohnehin nicht leiden. Und nun ist die Luft über seinem Bunker erfüllt vom Dröhnen der Flugzeugmotoren.

Die vier mächtigen Triebwerke des „Halifax"-Bombers reißen den „Horsa"-Lastensegler von Feldwebel Wallwork mit 280 km/h durch die bockige Luft über dem Kanal. Der Feldwebel konzentriert sich zunächst nur darauf, seinen schwerfälligen Vogel aus den Propeller-Böen des Schleppflugzeuges herauszuhalten. In zwanzig Minuten wird er ihn zu Bruch bringen. Und das vorsätzlich. Rechts neben ihm konzentriert sich der

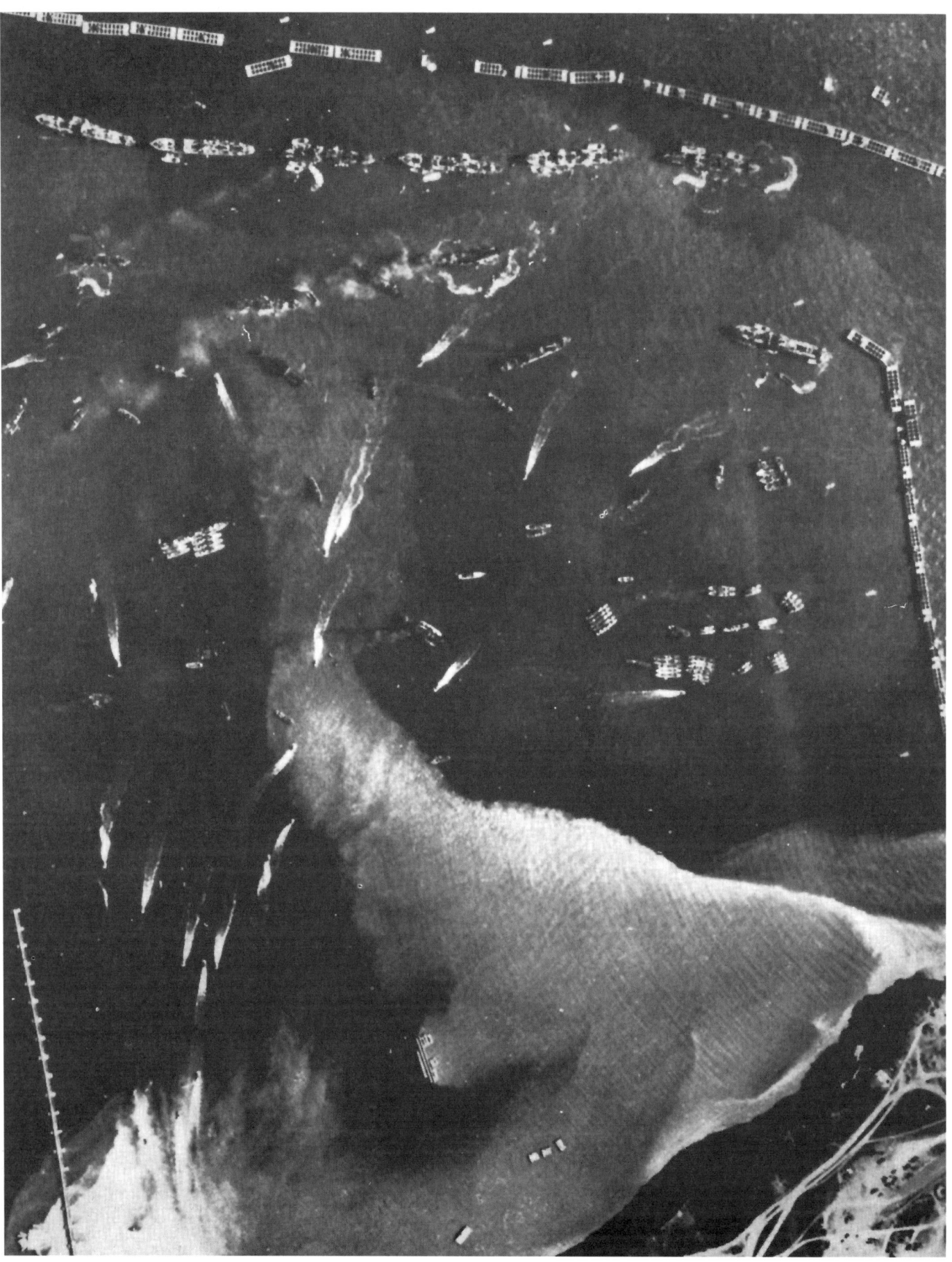

Linke Seite:
„Port Winston", einer der künstlichen Häfen, aus der Luft aufgenommen. Am oberen Bildrand deutlich sichtbar eine Kette von Senkkästen, sogenannte Mulberrys, die als Wellenbrecher dienen.

Oben:
Neue Landungen erfolgen nach Erweiterung und Fertigung der Brückenköpfe. „Nach allen bisherigen Feststellungen Feind versorgungsmäßig hervorragend ausgestattet", notiert das Kriegstagebuch der Hee-

30jährige Fallschirmjäger-Major John Howard auf seinen Vorsatz, bei diesem Lastensegler-Flug zum ersten Mal seine Übelkeit zu unterdrücken. Zum Vergnügen seiner Soldaten war ihm bisher noch bei jedem Übungsflug schlecht geworden. Seine Truppe von 160 Mann ist auf sechs Lastensegler verteilt. Sie werden als erste alliierte Soldaten der Operation „Overlord" französischen Boden betreten. Ihr Ziel sind zwei Brücken, eine über die Orne und eine über den Orne-Kanal. Sie sollen unzerstört erobert werden. Deshalb wird der Angriff mit Lastenseglern ausgeführt. Mit ihnen kann man Trupps von zwanzig bis dreißig Mann konzentriert und blitzschnell schlagbereit an ihr Ziel heranführen, während sich verstreut landende Fallschirmjäger-Einheiten erst lange sammeln müssen.

Das Gelände unmittelbar bei den Brücken ist für eine glatte Landung

mit 145 km/h absolut ungeeignet. Zu allem Überfluß entdecken sie auf einer Luftaufnahme vom 30. Mai auch noch frisch eingepflanzte „Rommelspargel". Aber Feldwebel Wallwork sagt zufrieden: „Die Dinger sind gut! Wir schweben zwischen ihnen ein, lassen uns die Tragflächen wegbrechen und nehmen dem Vogel damit Bewegungsenergie. Dann wird der Aufprall an der Brücke nicht so hart." Um Mitternacht sind sie nicht mehr weit von der französischen Küste entfernt. Aus dem Dunkel des Laderaums fragt eine mitfühlende Stimme: „Hat der Major sich schon übergeben?"

Sechzehn Minuten später klinkt Wallwork aus und legt die „Horsa" in eine steile Rechtskurve. Im Mondschein glänzt unter ihnen der Kanal. Das Gelingen des Unternehmens hängt jetzt von Wallworks Geschick ab, haargenau in der richtigen Höhe und mit der richtigen Geschwindigkeit einzuschweben. Denn sein Auftrag lautet, bei der geplanten Bruchlandung mit dem Rumpf den Stacheldraht am Fuß der Brücke zu zerreißen und genau dahinter liegenzubleiben, ohne seine Passagiere zu verletzen.

Die haben sich untergehakt und die Beine angezogen, eine lebende Kette in Erwartung der Zerreißprobe. Das Krachen und Splittern scheint Stunden zu dauern, als die Tragflächen brechen und der Rumpf durch Boden und Stacheldraht pflügt. Aber die menschliche Kette hält, und die Nase der Maschine bleibt genau am vorberechneten Punkt liegen, 20 Meter von der Brücke.

Der Handstreich glückt in Minuten. Die deutsche Brückenwache wird überrumpelt. In das Krachen der Handgranaten und das Rattern der Maschinenwaffen mischt sich das Getöse, mit dem die beiden anderen Lastensegler niedergehen. Nirgends weiter westlich klappte die Luftlandung so reibungslos wie bei Major Howards kleiner Truppe. Die amerikanischen Einheiten gerieten an den Rand einer Katastrophe.

Unzählige Tragödien spielten sich ab, ganze Lastensegler verschwanden mit Mann und Maus in den Sümpfen der Überschwemmungsgebiete. Ungezählte Fallschirmjäger wurden von ihrer schweren Ausrüstung unter Wasser gezogen und ertranken. Aber schließlich sammelten sich überall kleine Trupps, manche verstört, verwundet oder triefend naß, und gingen an die Erfüllung ihrer Aufgaben. Major Friedrich Hayn, der Feindnachrichtenoffizier des LXXXIV. Armeekorps, erinnert sich an die dramatischen Stunden im Befehlsbunker von General Marcks: „Um 01.11 Uhr schrillte der Feldfernsprecher. Etwas Wichtiges schien durchzukommen. Der General richtete sich steil auf. Die rechte Hand umschloß die Tischkante ..."

Innerhalb von Minuten liefen von den Divisionen die Meldungen über feindliche Luftlandungen ein. Aussagen von Gefangenen ergaben schon nach kurzer Zeit, daß 75 Prozent der in Südengland liegenden britisch-

amerikanischen Luftlandeeinheiten beteiligt waren. Das konnte nur eines bedeuten: Es geht los!

Interessant ist, wie diese klare, noch vor Beginn der amphibischen Operation logisch begründete Erkenntnis auf dem Weg nach oben verwässert wurde – teils durch zusätzliche, irreführende Informationen, teils durch blanke Ignoranz.

Marcks alarmierte sofort Generalmajor Max Pemsel, Chef des Generalstabs der 7. Armee. Der unterrichtete die Heeresgruppe B, Rommels Hauptquartier. Kurze Zeit

Oben:
Je länger der Krieg dauerte, desto jünger wurden die Gesichter der deutschen Soldaten.
Rechte Seite:
Abgeschossener „Tiger"-Panzer im zerstörten Caen. Schwer hatten es die Alliierten vor **allem bei der Eroberung der Städte, wo sie ihre Luftüberlegenheit nicht so ungehindert entfalten konnten und wo die deutschen Panzer ihnen schwere Abwehrgefechte lieferten. Trümmerwüsten blieben zurück.**

später konnte er die nun höchst alarmierende Meldung nachschieben, daß die Funkmeßstationen der Marine in Cherbourg eine größere Zahl von Schiffen geortet hatten, die in der Seinebucht operierten.

Die Gelassenheit, die bei den Stabsoffizieren der Heeresgruppe noch lange herrschte, erklärt sich nur zum Teil durch die gleichzeitig einlaufende Nachricht, der Feind habe als Fallschirmjäger verkleidete Puppen abgeworfen. Das hatten die Alliierten, um weitere Verwirrung zu stiften, in der Tat getan – und die Puppen auch noch rundum mit Feuerwerkskörpern behängt, die bei der Landung krepierten und einen wüst um sich feuernden Mann vortäuschten ...

Aber die Gefangenen bei der 716. und 709. InfDiv. waren überaus lebendig und gaben Auskunft über ihre Einheiten. Diese Erkenntnis schlug nicht durch, die Heeresgruppe B ließ ihren Oberbefehlshaber Rommel in Deutschland ruhig schlafen. Der Oberbefehlshaber West alarmierte immerhin die OKW-Reserve, die 12. SS- und die Panzer-Lehr-Division, und bat ohne besonderen Nachdruck beim Führerhauptquartier um ihre Freigabe. Die sollte bis 16.40 Uhr auf sich warten lassen. Auch die 21. PzDiv., die als Heeresgruppen-Reserve gleich südlich Caen zum Eingreifen bereitstand, sollte noch lange auf den Einsatzbefehl warten.

Aber inzwischen befanden sich schon 18 000 alliierte Soldaten auf französischem Boden. Lastensegler mit Jeeps und panzerbrechenden Waffen waren auf rasch von Fallschirmjägern angelegten Feldern gelandet. Allen war besonders eingebleut worden, jedes Kabel durchzuschneiden, auf das sie stoßen sollten. So brachen allmählich immer mehr Nachrichtenverbindungen zusammen – ein nicht unbedeutender Nebeneffekt des Unternehmens. Generalmajor Pemsel knurrte, er müsse Krieg führen „wie Wilhelm der Eroberer – nur mit Augen und Ohren". Der scharfsinnige Offizier, der schon jetzt ziemlich genau ahnte, was bevorstand, hätte mit besseren Informationen den Plan der Alliierten weitgehend erraten können:

Auf dem linken Flügel hatten die amerikanischen Luftlandetruppen nördlich Carentan praktisch den östlichen Fuß der Halbinsel Cotentin besetzt. Im Überschwemmungsgebiet des Flüßchens Merderet war die Eisenbahn Cherbourg–Carentan in ihrer Hand, ebenso wie das Städtchen St. Mère Église mit der parallel laufenden Straße. Zugleich hatten sie die

Dämme und Straßen, die hier von der Küste durch das Überschwemmungsgebiet landeinwärts liefen, erobert.

Auf dem rechten Flügel gehörte den Engländern bereits ein großes Gebiet nordöstlich Caen mit den wichtigen Brücken über Orne und Kanal. Zwar waren die Fallschirmjäger-Angriffe auf die Küstenbatterien zum Teil fehlgeschlagen, aber die Flanken eines rund 80 km langen Küstenstreifens zwischen dem Fuß der Cotentin-Halbinsel und der Ornemündung waren nun abgesichert. Und genau hier hinein ging in der Tat der Stoß der Landungsstreitkräfte.

Wohl der erste Deutsche, der das gewaltige Ausmaß der Landungsflotte sah, war der Artilleriemajor Werner Pluskat. Er saß etwa in der Mitte der Seine-Bucht, bei St. Honorine, in einem vorgeschobenen Gefechtsstand, der in die hier hochragenden Klippen der Steilküste gebaut worden war. Schon oft in dieser Nacht hatte er das starke Scherenfernrohr über die im Mondschein glänzende See bewegt. Nur einige tiefliegende Nebelbänke behinderten die Sicht in der Bucht. Als der östliche Horizont sich verfärbte, entschloß er sich zu einem letzten

Schwenk. Die Nebelbänke zerflatterten, die Linie der Kimmung wurde klar. Und wie durch Zauberhand lag da plötzlich die gewaltigste Flotte, die je ein Mensch gesehen hat. Unmittelbar darauf kamen die Bomber.

Eisenhower und Montgomery waren sich einig gewesen, daß jede landende Armee ihren eigenen Brückenkopf schaffen sollte, um wenigstens im Bereich der Organisation die unvermeidliche Verwirrung so gering wie möglich zu halten. Deshalb war das Invasionsgebiet „Neptune" eingeteilt in:

Oben:
Ein Kradmelder ist vor anfliegenden Jagdbombern in Deckung gegangen. Die „Jabos" waren es, die die Amerikaner auf die Straße des Sieges brachten. Bei Tag war kaum eine Bewegung der deutschen Truppe möglich.

Was Churchill am Tag der Landung in einer Unterhausrede prophezeit hatte, sollte eintreffen: „Der jetzt begonnene Kampf wird in vielen kommenden Wochen ständig an Umfang und Intensität zunehmen." Erst Ende Juli 1944, nach dem Zeitplan Montgomerys vier Wochen zu spät, brach der Damm, der die Halbinsel Cotentin bisher abgeriegelt hatte. Jetzt stießen die Alliierten in den weiten Raum vor, doch das Schicksal, das ihnen Hitler und das OKW zugedacht hatten, die Umfassung, erlitt nun die deutsche Heeresgruppe B bei Falaise. Die Reste mußten sich über die Seine retten.

Linke Seite: Von 21 000 deutschen Heeres-Marine- und Luftwaffensoldaten verteidigt, fiel der wichtige französische Kriegshafen Cherbourg auf der Halbinsel Cotentin am 30. Juni 1944 in amerikanische Hand.

„Utah", am östlichen Fuß von Cotentin, 4. US-InfDiv.;

„Omaha", in der Mitte der Bucht zwischen Vierville und Colleville, 1. US-InfDiv.;

„Gold", „Juno" und „Sword", von Bessin bis zur Orne-Mündung, 50., 3. britische und 3. kanadische InfDiv. sowie 8., 27. britische und 2. kanadische Panzerbrigade.

In diesen Strandabschnitten tat sich um 4 Uhr früh die Hölle auf. Bombenteppiche zerstampften Bunker und Geschützstellungen. Welle auf Welle dröhnte heran, Viermotorige über den Wolken, flinke zweimotori-

ge „Marauders" in kaum 500 Meter Höhe. Und dazwischen brüllten die Geschütze der schweren Einheiten der Invasionsflotte.

Am 6. Juni wurden von der alliierten Luftwaffe insgesamt 10 743 Einsätze geflogen und 11 912 Tonnen Bomben abgeworfen. Aber ein Küstenabschnitt blieb zunächst unversehrt – mit fatalen Folgen. Die Verbände von „Fliegenden Festungen" und „Liberators", die ihre explosive Last auf die Befestigungen vor „Omaha" werfen sollten, verfehlten ihr Ziel. Die Bomben fielen bis zu 5 km landeinwärts. Die 1. US-InfDiv. sollte es zu spüren bekommen.

Die ersten Verluste fordert die rauhe See. Landungsboote schlagen um, die bepackten Insassen schreien um Hilfe. Mit steinernen Gesichtern fahren die Kameraden an ihnen vorüber. Der Befehl untersagt ihnen ausdrücklich, sich mit Rettungsaktionen aufzuhalten. Auch die Amphibienpanzer sind nicht für Seegang gemacht. Sie sollen auf einer Segeltuch-Lufthülle an Land schwimmen. Reihenweise versinken die „Shermans", ohne einen Schuß abgefeuert zu haben.

Am „Utah"-Strand liegt das Widerstandsnest W 5. Leutnant Arthur Jahnke befehligt hier mehrere Bunker mit 5-cm-Kanonen, eine 8,8 cm-Flak, Pakgeschütze und flankierende MG-Nester. In der Nacht hat seine kleine Truppe noch 19 Gefangene gemacht – US-Fallschirmjäger, die verloren im überschwemmten Hinterland herumirrten.

Aber morgens um vier haben „Marauders" sich W 5 vorgenommen. Was sie übrigließen, zerschlägt die Schiffsartillerie. Als die Landungsboote unten auf den Strand preschen, schießen nur noch zwei SMG und die 8,8. Aber diese gefürchtete Waffe ist durch das Bombardement so angeschlagen, daß sie die Erschütterung ihres ersten Schusses nicht übersteht. Und unten rollen Amphibienpanzer

Ein von alliierten Jagdbombern völlig zerschlagener deutscher Sanitätstroß zeigt, **mit welcher Härte auf beiden Seiten der Invasionsfront gekämpft wurde.**

an Land, nach der Katastrophe ihrer Kameraden jetzt dicht am Ufer abgesetzt. Noch mähen die MG-Garben von W 5 die Infanteristen und Pioniere neben ihren Booten nieder, aber jetzt fahren Panzergranaten in die Stellungen. Das Telefon ist tot. Jahnke schickt einen Melder zur Artillerie in Varreville, will Sperrfeuer auf den Strand anfordern. Der Mann schafft nicht einmal die drei Kilometer; einer der allgegenwärtigen Jagdbomber schießt ihn vom Rad.

Leutnant Jahnke, Ritterkreuzträger aus dem Rußlandfeldzug, wird durch einen Granateinschlag in seiner Stellung verschüttet. Er ist halb bewußtlos, als ihn ein US-Infanterist am Bein unter den Trümmern hervorzerrt. Kurze Zeit später vereinigen sich Spitzen der 4. US-Division mit den Fallschirmjägern im Hinterland. „Utah" ist geglückt.

Es war ohnehin ein Wunder, daß nach dem grausamen Bombardement am „Utah"-Strand überhaupt noch jemand schoß, daß das Häuflein Überlebender noch reaktionsfähig war und nicht in Panik davonstürzte. Am „Omaha"-Strand sah es anders aus.

Nicht nur daß die Bomber hier die Stellungen verfehlten. Hier liegt auch die kampfkräftige 352. InfDiv., erst kürzlich zur Verstärkung eingeschoben. Vernichtendes Feuer von Artillerie aller Kaliber und aus Handfeuerwaffen prasselt in die Landungsboote, zwischen die an Land watenden Männer. Die ersten Einheiten verlieren bis zu 50 Prozent ihrer Soldaten. Nur zwei Panzer kommen an Land, werden sofort in Brand geschossen. Nur vier Stunden nach Beginn des Angriffs liegen 3 000 Tote und Schwerverwundete auf dem sechs Kilometer langen Stück Strand.

Einer der Verteidiger ist der 21jährige Bauernsohn Hein Severloh. Im Stützpunkt W 62 hat er bis zum Mittag 12 000 Schuß aus dem Lauf seines MG 42 gejagt. Er sieht, wie sich die Wende anbahnt: Auf großen Prähmen bringen die Amerikaner jetzt schwereres Gerät und Panzer

Über die Lage an der Invasionsfront berichtet Rommel in einem Fernschreiben vom 15. Juli 1944 an Adolf Hitler: „Die Lage an der Front der Normandie wird von Tag zu Tag schwieriger, sie nähert sich einer schweren Krise. Die eigenen Verluste sind bei der Härte der Kämpfe, dem außergewöhnlich starken Materialeinsatz des Gegners vor allem an Artillerie und Panzern und bei der Wirkung der den Kampfraum unumschränkt beherrschenden feindlichen Luftwaffe derartig hoch, daß die Kampfkraft der Divisionen rasch absinkt. Die Truppe kämpft allerorts heldenmütig, jedoch der ungleiche Kampf neigt sich dem Ende entgegen. Ich muß Sie bitten, die Folgerungen aus dieser Lage unverzüglich zu ziehen. Ich fühle mich verpflichtet, als Oberbefehlshaber der heran. Ein paar „Sherman" kommen durch.

Was von den Infanteristen der 1. und 29. US-Division über den Strand von „Bloody Omaha" gekommen ist, drängt sich unten am Fuß der Dünen hinter der kleinen Mauer zusammen, an der damals die beiden Kampfschwimmer den Posten fluchen hörten. Die Männer sind entnervt und erschöpft.

Aber sie sehen Beispiele von überraschender Tapferkeit. Mitten im mörderischen Feuer räumt und sprengt eine Pioniertruppe die raffinierten Vorstrandhindernisse Rommels weg, damit die Prähme herankommen können.

Von einem dieser sogenannten „ducks" rollt Feldwebel Hyman Haas mit seinem 3,7-cm-Flakgeschütz auf Selbstfahrlafette. Er sieht 300 Meter entfernt in der Hügelflanke einen Bunker, aus dem eine Kanone ununterbrochen feuert. Mit seiner 3,7 kann er nicht in niedrigem Winkel nach vorn schießen. Er weist seinen Fahrer an, zu wenden und halb ins Wasser zu rollen. So bekommt er den Bunker ins Visier und feuert zehn Schuß in die Scharte. Die Kanone schweigt.

Auch die Engländer geraten zum Teil auf den Abschnitten „Gold", „Juno" und „Sword" in wütendes Abwehrfeuer. Hier hat das gnadenlose Bombardement im Ziel gesessen. Außerdem landen die Angreifer ihre Panzer durch Boote mit Bug-Klappen direkt am Ufer, und diese bahnen sich mit raffinierten Apparaturen ihren Weg durch die Hindernisse:

Heeresgruppe dies klar auszusprechen."
Linke Seite oben: Amerikanische Bordschützen einer „Flying Fortress".
Linke Seite unten: Auch die Zivilbevölkerung der Normandie wurde erbarmungslos in das Kampfgeschehen hineingerissen.
Rechts: Alliierte Flächenbombardements nie gekannten Ausmaßes zermürbten die deutschen Verteidigungskräfte.

Da gibt es die „Dreschflegel". Sie haben am Bug zwei lange Arme montiert, zwischen denen sich eine Stange mit Ketten und Kugeln dreht. Die Kugeln trommeln beim Vorrollen den Bogen, bringen Minen zur Explosion und hinterlassen den Kameraden eine weithin sichtbare, minenfreie Spur. Andere legen aus mächtigen Rollen Sisal- oder Stahlmatten über Stellen unsicheren Grundes, die durch die Bodenproben der beiden Kampfschwimmer bekannt sind. Es gibt gewaltige Flammenwerfer und Mörser auf Sherman-Fahrgestell, dazu Räum- und Brückenbau-Panzer.

Diese stählerne Armada stürmt an Land, unter dem Gebrüll ihrer Motoren und dem Krachen ihrer Geschütze. Die Vereinigung mit den Fallschirmjägern gelingt. Aber noch klafft eine Lücke zwischen „Juno" und „Sword". Und genau dort hinein scheint am Nachmittag der erste Panzer-Gegenstoß der Verteidiger zu zielen. Nach langen Querelen in der deutschen Führung rollt die 21. PzDiv. Auch zwei andere deutsche Vorstöße sind bemerkenswert, wenngleich rührend in ihrer Ohnmacht.

Gegen die Armada der 5000 Invasionsschiffe stürmt Korvettenkapitän Heinrich Hoffmann mit drei Torpedobooten aus Le Havre. Aus einer von alliierten Einheiten selbst gelegten Nebelwand flitzen die kleinen Schiffe auf Torpedoschußweite heran – „Ich kam mir vor wie im Paddelboot", sagt Hoffmann später –

Oben:
Nach dem Einsatz von Nebelgranaten kämpfen sich amerikanische Infanteristen in einer französischen Stadt der Normandie von Haus zu Haus.

Rechte Seite:
Amerikanische Soldaten überqueren eine unter Beschuß liegende Straße in der Normandie. Rechts ein außer Gefecht gesetzter „Panther".

und schießen ihre „Aale" ab. Sie versenken einen Zerstörer und verschwinden unversehrt wieder im Kunst-Nebel.

Das tollste Stück aber leistet sich Oberst Priller, das Flieger-As. Zwar hat er mit Feldwebel Wodarczyk seinen Vorsatz wahrgemacht und sich mächtig mit Cognac vollaufen lassen, aber der Alarm findet die beiden einsatzbereit. Der Ia vom Jagdkommando II nimmt die Beschimpfungen des Obersten gelassen hin, denn dafür war „Pips" ohnehin berühmt. Montgomery schreibt zwar in seinen Memoiren, die deutsche Luftwaffe habe es nicht ein einziges Mal gewagt, die Invasionstruppen anzugreifen, aber hier irrt der Feldmarschall. Mit der etwas unpräzisen

Angabe „da oben bei Le Havre" brummen die beiden FW 190 los. Die gewaltige Invasionsflotte ist auch nicht zu verfehlen.

Den Seeleuten auf den alliierten Schiffen verschlägt es den Atem, als die beiden mit ratternden Bordwaffen aus den Wolken stürzen. An zahlreichen Einheiten sind zum Schutz gegen Tiefangriffe Fesselballons befestigt, aber Priller und sein Rottenkamerad tauchen elegant zwischen den Stahlseilen durch und rasen schon feuernd über den „Sword"-Strand, als sämtliche Flakgeschütze der Invasionsflotte in Aktion treten.

Auf HMS „Dunbar" sagt der Oberheizer Robert Dowie kopfschüttelnd: „Deutscher hin, Deutscher her, viel Glück wünsch' ich euch. Ihr Kerls habt Schneid." Sein Wunsch

geht in Erfüllung, die beiden kommen tatsächlich von ihrem irren Einsatz nach Hause.

Der Kessel von Falaise

In geborstenen Bunkern und halbverschütteten Gräben liegen am Nachmittag des 6. Juni noch deutsche Infanteristen der 716. Division mitten im britischen Landeabschnitt an der Kanalküste. Jabos stoßen mit hämmernden Bordwaffen herunter, Bomben durchwühlen die Dünen, von den schweren Einheiten der Invasionsflotte heulen die Granaten der Schiffsgeschütze heran.

Wer noch lebt, wühlt sich immer wieder aus dem Dreck, wirft sich wieder hinter die Maschinenwaffen. Von rechts arbeiten sich Soldaten der knochenharten 4. „Commando"-Brigade

aus dem Landekopf „Sword" vor. Sie haben den Auftrag, die Verbindung zur 3. kanadischen InfDiv. im Landekopf „Juno" herzustellen. Aber die Überlebenden in den Bunkern der 716. InfDiv. halten die Stellung.

Sie arbeiten wie Automaten, halb betäubt und ohne viel zu denken. Die Eckpfeiler ihres knapp vier Kilometer breiten Strandabschnitts sind die Dörfer Lagrune und Lion. Hier sind harmlos aussehende Villen durch mächtige Betonwände in Bunker verwandelt worden. Und in ihrem Rücken, etwa drei Kilometer entfernt, hält der schwer befestigte Luftwaffenstützpunkt Douvres die Kanadier auf.

Am späten Nachmittag mischt sich ein neues Geräusch in das Getöse der Schlacht. Schwere Motoren dröhnen, Ketten rasseln, aus dem Raum nörd-

Oben:
Einen ungewöhnlichen Anblick bietet das neueste Modell des „Sherman V" mit dem deutschen Kampfabzeichen. Es handelt sich um einen erbeuteten amerikanischen Panzer, der dann auf deutscher Seite eingesetzt wurde.
Unten:
Britische Panzer kämpfen sich, gefolgt von Marine-Infanteristen, in den Straßen eines normanni-
schen Landstädtchens vor.
Linke Seite:
Amerikanische Truppen beim Vormarsch auf Falaise, eine Stadt in der Normandie, die nach harten Kämpfen am 17.8.1944 erobert wurde. Von 125 000 eingeschlossenen deutschen Soldaten konnten sich nur 80 000 unter hohen Verlusten und starken Materialeinbußen retten.

lich Caen schiebt sich das 192. Panzergrenadierregiment in die Lücke zwischen „Sword" und „Juno". Die erschöpften Männer der 716. InfDiv. springen den Halbkettenfahrzeugen entgegen.

Eine eigenartige Division, die 716. Das Rückgrat des Haufens bilden kampferprobte Landser, zumeist nach schwerer Verwundung ins „erholsame" Frankreich versetzt. Und an ihrer Seite Männer aus den besetzten Staaten Osteuropas, die mehr oder minder freiwillig in deutsche Uniform geraten sind und verständlicherweise wenig Lust verspüren, für Hitler zu sterben. So ist der Widerstand, auf den die Alliierten hier am rechten Flügel ihres Landegebietes stoßen, je nach der zufälligen Zusammensetzung der verteidigenden Einheiten recht unterschiedlich.

Zwischen Lagrune und Lion überwiegt der harte Kern. Und die kriegserfahrenen Landser schöpfen beim Anblick der Schützenpanzerwagen der 192er neue Hoffnung: Wenn jetzt auch noch die Panzer kommen ...

Links und rechts liegen die britischen Landeköpfe offen für einen energischen Vorstoß. Die Flanken von „Sword" und „Juno" sind weich, auf dem Strand herrscht die unvermeidliche Verwirrung, bis die jeweils landenden Einheiten entknäult und eingewiesen sind.

Eine Tragödie scheint bevorzustehen. Denn ein paar Kilometer weiter südlich brüllen wirklich Panzermotoren, donnert das Panzerregiment 22 der 21. PzDiv. mit fast 120 Kampfwagen „P IV" nach Norden.

Die Panzer haben allerdings schon eine ziemliche Odyssee hinter sich. Ihre Division war südlich Caen stationiert, in günstigster Position zum Eingreifen. Es gab nur ein Handikap: Es war nicht völlig klar, wer den Befehl dazu zu geben hatte. Noch heute kann nicht ermittelt werden, wem die Division nun wirklich unterstellt war. Nach Rommels Biograph Lewin war die 21., im Gegensatz zur OKW-Reserve (12. SS-PzDiv. „Hitlerjugend" und Panzer-Lehr), als Eingreifreserve der Heeresgruppe B unterstellt. Nach anderen Berichten soll sie ebenfalls OKW-Reserve gewesen sein. Der Oberbefehlshaber West war natürlich auch noch zu fragen, ebenso das Generalkommando der Panzertruppen West sowie das LXXXIV. Armeekorps in St. Lô. Nur der Kommandeur der 716. InfDiv., Generalleutnant Richter, glaubte fest, die 21. sei „im Angriffsfall" ihm zugeteilt.

Richter hatte denn auch schon in der Nacht um 1.20 Uhr einen Angriffsbefehl gegeben, der 40 Minuten später spezifiert wurde: „Luftgelandeten Feind ostwärts der Orne angreifen und vernichten!"

Generalleutnant Feuchtinger war in einer unbehaglichen Lage, tragikomisch im Rückblick und bezeichnend für den desolaten Zustand der Wehrmachtführung: Ein General, der nicht genau weiß, ob er kämpfen darf oder nicht!

Stunden vergingen. Vom LXXXIV. Armeekorps, in dem die Lage offensichtlich am klarsten beurteilt wurde, kämpfte General Marcks telefonisch um die PzDiv. Nach den Erinnerungen seines Ic Major Hayn sprach der sonst überaus beherrschte Mann „mit zuckendem Gesicht" immer erregter mit dem ihm nun wieder vorgesetzten Oberkommando der 7. Armee in Le Mans, dann mit der Heeresgruppe und schließlich mit Generaloberst Alfred Jodl, der in Berchtesgaden immer noch den Schlaf seines Führers bewachte.

Um 10 Uhr wurde die 21. PzDiv. endlich Marcks unterstellt. Inzwischen hatte Feuchtinger auf weitere Ratespiele verzichtet und den einzigen Befehl befolgt, der ihm bis dahin vorlag: Richters Order, die britischen Luftlandetruppen anzugreifen.

So war das Panzerregiment 22 zusammen mit Panzergrenadiereinheiten östlich der Orne auf dem Weg nach Norden, als General Marcks den Zuschlag bekam. Und der war wiederum entschlossen, den britischen Landekopf westlich der Orne anzugreifen.

Die Brücken über die Orne und den parallel laufenden Kanal sind von Major Howards Fallschirmjägern besetzt, Montgomerys linke Flanke ist geschützt. Also müssen die Panzer kehrtmachen, klirren nach Süden zurück und dann wieder nordwärts durch die fast unpassierbare, von Luftangriffen zerschlagene Stadt Caen. Nur die 4. Kompanie mit 30 Panzern bleibt auf der anderen Orne-Seite, richtet aber gegen die Howard-Truppe nicht viel aus, denn planmäßig sind hier die Lastensegler mit den panzerbrechenden Waffen gelandet.

Ein erster Schritt zum „Kleckern" ist getan, aber die verbleibenden 120 Kampfwagen kommen immerhin ohne Jabo-Angriffe durch bis zum Städtchen Lébisey. „Ein echter Feldherrnhügel", frotzelt Major Vierzig, Chef der 11. Abteilung des Panzerregiments. Denn hier erwartet ihn nicht nur sein Divisionskommandeur; auch General Marcks ist von St. Lô herübergefahren, hin- und

hergerissen zwischen Sorge und Hoffnung: Der einzige Panzerangriff muß klappen, sonst hat er nichts; selbst wenn das OKW endlich die beiden anderen Panzerdivisionen freigibt – sie liegen viel zu weit entfernt.

Marcks sagt zu Oberst von Oppeln-Bronikowski, dem Regimentskommandeur: „Oppeln, wenn Sie die Engländer nicht ins Meer werfen, haben wir den Krieg verloren!"

Der Korpskommandeur fährt selbst vor mit dem 192. Panzergrenadierregiment, das nun also zur Küste durchstößt, fast unbehelligt zwischen „Sword" und „Juno". Um diese Zeit rast Rommel in seinem schweren Horch von Deutschland zurück nach Frankreich, telefoniert einmal von Reims aus mit seinem Stabschef. Als er wieder in den Wagen steigt, sagt er zu seinem Ordonnanzoffizier, Hauptmann Hellmuth Lang: „Mein Gott! Wenn die 21. PzDiv. es schafft, können wir sie vielleicht in drei Tagen zurückwerfen." Der Spalt ist offen, in den die Panzergrenadiere schon hineingestoßen sind. Aber die Binsenweisheit bestätigt sich, daß im modernen Krieg Funkgeräte mindestens ebenso wichtig sind wie Geschütze – besonders, wenn eines davon in einem aufklärenden Flugzeug steckt. Am Himmel der Normandie gibt es nur alliierte Flugzeuge, Oberst Bronikowski marschiert blind.

Er trifft Generalleutnant Richter, der keinerlei Verbindung mehr zu seinen Einheiten hat und „vor Gram fast wahnsinnig" ist. Bronikowski drängt, die Karte in der Hand: „Wo sind Ihre Stellungen?" Der General schüttelt mit Tränen in den Augen den Kopf: „Ich weiß es nicht."

Kurze Zeit später ist der Vorstoß gescheitert. Bronikowski verfehlt haarscharf die Lücke, bei Périers und Biéville gerät das Regiment in das Feuer panzerbrechender Waffen. In wenigen Minuten werden sechs Kampfwagen abgeschossen. Zugleich landen britische Lastensegler im Schlauch zwischen „Sword" und „Juno". Ein wildes Gefecht entbrennt, die Reste der 716. InfDiv. und

Nur gut getarnt, bei schlechtem Wetter oder nachts konnte die deutsche Führung Reserven an die Invasionsfront bringen. Die motorisierten Verbände (Bild: Jagdpanzer IV Hetzer) litten unter der absoluten Luftherrschaft der Alliierten, die deutsche Truppenkonzentrationen schon in den Bereitstellungsräumen zerschlugen. Nur tropfenweise erreichte daher Ersatz die kämpfende Truppe.

die Panzergrenadiere werden zurück-geworfen. Die 21. PzDiv. verliert ein Viertel ihrer Panzer. Die britischen Landeköpfe vereinigen sich, nur der Stützpunkt Douvres hält noch zehn Tage, von den Engländern als eher nebensächliches Ärgernis behandelt. Während des ganzen Tages ist, trotz blutiger Verluste im stellenweise ver-nichtenden Abwehrfeuer der deut-schen Artillerie- und Infanterie-einheiten, ein stetiger Strom von Truppen und Material in den alliier-ten Landeköpfen angekommen; am Abend des zweiten Tages werden 176 000 Mann und 20 000 Fahrzeuge auf französischem Boden sein.

Ebenso wie bei den Briten hat die Flankensicherung durch die Luft-landetruppen der 4. US-InfDiv. auf dem „Utah"-Strand am östlichen Fuß der Halbinsel Cotentin die Sicherung ihres Landegebietes erleichtert. Hier wendet sich die Überschwemmung des Geländestreifens hinter den Küstenbefestigungen gegen die Urheber: Am Städtchen St. Mère-Église kommt man nicht mehr vor-bei. Und daraus lassen sich die Amerikaner nicht mehr vertreiben; selbst Elite-Einheiten wie das 6. Fallschirmjäger-Regiment des Oberstleutnants Freiherr von der Heydte und das Sturmbataillon der 91. Luftlandedivision unter Major Messerschmitt scheitern.

Und auch am Strand von „Bloody Omaha" ist die Lähmung überwun-den. Rangers haben unter gräßlichen Verlusten die steilen Klippen des Pointe du Hoc mit Hilfe hinaufge-schossener Strickleitern und von der Londoner Feuerwehr gestellter Dreh-leitern gestürmt. Selbst die erstklassi-ge 352. InfDiv. muß weichen. Nicht alle Operationsziele des D-Day sind erreicht, aber Montgomery ist zufrie-den.

Sein alter Gegner Rommel ist am Abend nach rasender Fahrt wieder in seinem Hauptquartier eingetroffen, bleich und schweigsam. Er ahnt wohl, mit welchen Klötzen am Bein er seinen letzten Kampf wird fechten müssen.

Das OKW-Kriegstagebuch liest sich heute streckenweise wie der Arbeitsbericht eines Kreditsachbearbeiters in Krisenzeiten: „Heeresgruppe B beantragte ... Der Führer lehnte ab ... Der Führer befahl ... OB West schlug vor ... erbat ... Der Führer verbot ... " Nachdem der Feind nun einmal Fuß gefaßt hatte, waren sich die ungleichen Feldmarschälle von Rundstedt und Rommel relativ einig. Aber das Führerhauptquartier räumte ihnen nicht die geringste operative Freiheit ein. Aus Berchtesgaden oder dem noch ferneren Rastenburg (Ostpreußen) griff Hitler in Entscheidungen noch unterhalb Divisionsebene ein. Dabei ließ er sich von drei Grundsätzen leiten: Kein Fußbreit Boden wird kampflos aufgegeben.

Passierschein

(GÜLTIG FÜR EINEN ODER MEHRERE ÜBERBRINGER)

Der deutsche Soldat, der diesen Passierschein vorzeigt, benutzt ihn als Zeichen seines ehrlichen Willens, sich zu ergeben. Er ist zu entwaffnen. Er muß gut behandelt werden. Er hat Anspruch auf Verpflegung und, wenn nötig, ärztliche Behandlung. Er wird so bald wie möglich aus der Gefahrenzone entfernt.

DWIGHT D. EISENHOWER
Oberbefehlshaber
der Alliierten Streitkräfte

Übersetzung nachstehend. Sie dient als Anweisung an die alliierten Vorposten.

SAUF CONDUIT

Le soldat porteur de ce laissez-passer a sincèrement l'intention de cesser le combat. Il doit être désarmé et correctement traité. Il doit être nourri et recevoir les soins médicaux nécessaires. Il sera éloigné dès que possible de la zone dangereuse.

DWIGHT D. EISENHOWER
Commandant Suprême,
des Forces Interalliées

SAFE CONDUCT

The German soldier who carries this safe conduct is using it as a sign of his genuine wish to give himself up. He is to be disarmed, to be well looked after, to receive food and medical attention as required and to be removed from the danger zone as soon as possible.

DWIGHT D. EISENHOWER
Supreme Commander,
Allied Expeditionary Force

Linke Seite oben:
Auf der Vormarschstraße der Alliierten am Wegrand die Leiche eines gefallenen deutschen Soldaten.
Linke Seite unten:
Gefangennahme eines deutschen Soldaten der Waffen-SS durch einen Amerikaner.
Oben:
Von Eisenhower unterzeichneter Passierschein, der deutschen Überläufern eine gute Behandlung zusichert.

Infolgedessen wurden hochkarätige Verbände einschließlich der Panzerdivisionen durch „Halten" verheizt, ohne jemals zu einem entschlossenen Stoß zusammengefaßt zu werden.

Von der 15. Armee am Pas de Calais werden keine Einheiten abgezogen. Weil hier die zweite Invasion zu erwarten ist. So standen Salmuths Verbände Gewehr bei Fuß, bis sie in den Strudel hineingerissen wurden. Festungen, an denen der Feind vorbeistößt, werden bis zum letzten Schuß verteidigt. Bei Cherbourg beginnend und über die Häfen an der Atlantik- und Kanalküste wurden so schließlich 200 000 Mann gebunden. Montgomery, der am sechsten Tag 326 000 Mann, 54 000 Fahrzeuge und 104 000 Tonnen Material gelandet hatte, blieb zwar zunächst hinter seinem Zeitplan zurück. Aber er sollte ihn schließlich ein- und überholen, als die deutsche Führung den Bogen überdehnt hatte. Dabei begünstigten verschiedene Umstände zunächst noch die Verteidiger.

Das Heckengelände der Bocages glich nach dem Urteil von Major Hayn (Ic beim LXXXIV. Armeekorps) das feindliche Übergewicht an Panzern und Flugzeugen etwas aus. Eine Unzahl winziger Feld- und Weideflächen, umgeben von Wällen und Hecken und durchzogen von überwucherten Hohlwegen, bot Deckung gegen Flieger und an jeder Ecke böse Überraschungen für angreifende Einheiten.

Zugleich war das Wetter in den ersten Wochen gegen die Alliierten. Regen und tiefhängende Wolken behinderten die im Sichtflug angreifenden Jabos. Und ein schwerer Sturm zerschlug am 19. Juni die „Mulberries", die künstlichen Häfen. Erhebliche Versorgungsschwierigkeiten bis hin zu Munitionsmangel waren die Folge. Die strategischen Bombergeschwader setzten jedoch ihre Angriffe fort, Montgomerys „Eisenbahnwüste" im weiten Umkreis um das Kampfgebiet wurde erneut umgewühlt, Nachrichtenverbindungen und Versorgungseinrichtungen zerschlagen. Zahlreiche Einheiten, die zur Verstärkung herangeführt wurden, erlitten schon schwere Verluste, bevor sie auch nur den Geschützdonner im Kampfgebiet hören konnten.

Und die „Mulberries" wurden repariert, eine Benzin-Pipeline durch den Kanal gezogen. Als der eroberte Raum zunächst begrenzt blieb, wurden für leichtere Kampfflugzeuge Behelfsrollbahnen aus tragbaren Metall-Teppichen zusammengesetzt. Die deutsche Front war wie ein zu schwacher Deich, hinter dem zäh und

Fegelein

unbeirrt eine mächtige Flut Zentimeter um Zentimeter stieg.

Die Halbinsel Cotentin wurde abgeriegelt, am 28. Juni kapitulierte Cherbourg. Am 15. Juli schrieb Rommel an Hitler, er habe rund 97 000 Mann verloren, in absehbarer Zeit werde der Feind in die Weite des französischen Raumes stoße.

Zwei Tage später verunglückte der Feldmarschall mit dem Auto bei einem Jabo-Angriff und wurde bewußtlos nach Deutschland gebracht. Kurz zuvor hatte Hitler Generalfeldmarschall von Rundstedt als OB West abgesetzt und durch Günther von Kluge ersetzt.

Rommels Prophezeiung trat Ende Juli ein. Am äußersten westlichen Ende der Front, in Avranches, brachen die Amerikaner durch. Panzergeneral Patton stürmte in den freien Raum wie Rommel vier Jahre zuvor. Wie ein Strafgericht traf die deut-

schen Armeen genau das Schicksal, das sie 1940 den französischen Streitkräften bereitet hatten:

Ein überlegener Feind, siegesgewiß und mit technischer Perfektion ausgerüstet, jagt durch das Land, perfekt mit seiner Luftwaffe zusammenspielend, die gnadenlos zuschlägt, wo immer sich Ansätze zu organisierter Verteidigung bilden. Alles auf alliierter Seite ist motorisiert und mechanisiert, bei den Deutschen fehlt selbst für die paar übriggebliebenen Panzer oft der Sprit.

Weit hinten spielt Hitler auf seinen Karten mit Divisionen, von denen oft nicht viel mehr als die Nummer existiert. Er will durch einen energischen Stoß an der Basis der Halbinsel Cotentin die nach Frankreich hineinströmenden US-Truppen abschneiden. Die Reste von neun Infanterie- und fünf Panzerdivisonen werden unter den ständigen Schlägen der

Am 22. Juli 1944 lief die folgende Meldung aus dem Fernschreiber: „Auf den Führer wurde am 20. Juli ein Sprenganschlag verübt. Unser Bild zeigt von links nach rechts den Duce, Reichsleiter Martin Bormann, Großadmiral Dönitz, den Führer, Reichsmarschall Göring, SS-Gruppenführer Fegelein und Generaloberst Loerzer nach dem Attentat." Maßgeblich verantwortlich

für diese sensationelle Nachricht war Claus Graf Schenk von Stauffenberg, der versucht hatte, Hitler in seinem Hauptquartier in Ostpreußen mittels einer Bombe zu beseitigen. Das Attentat war fehlgeschlagen – der Krieg ging bis Mai 1945 weiter und forderte noch Millionen Menschenleben.

Am 14. August 1944 gab die Untergrundbewegung von Paris das Signal

zum allgemeinen Aufstand (*Bild oben:* Résistance-kämpfer im Barrikaden-kampf). General Dietrich von Choltitz, der deutsche Stadt-kommandant, hatte Befehl, die Rebellion erbarmungslos zu ersticken und Paris gegen die anrückenden Alliierten zu verteidigen: „Paris ist in ein Trümmerfeld zu verwandeln. Der Kommandierende General hat es bis

zum letzten Mann zu verteidigen und geht, wenn nötig, unter den Trümmern unter." Choltitz ignorierte die Anordnung Hitlers, da er den Krieg als verloren, weitere Opfer als sinnlos und die Zerstörung von Paris als Barbarei ansah (*Bild rechte Seite:* Choltitz nach der Unterzeichnung der Übergabe der Stadt am 25. August).

feindlichen Luftwaffe im Raum Mortain–Falaise bereitgestellt, so gut es geht. Der Angriff scheitert blutig. Die Verbände, die ihn vortragen sollen, sind ersatzlos aus der Front herausgezogen worden. Das gibt Montgomery Bewegungsfreiheit, britische Einheiten stoßen bei Falaise nach Süden, Teile der durchgebrochenen US-Verbände nach Osten und Norden, die Falle schnappt zu. In einzelnen Kampfgruppen versuchen die Eingeschlossenen, sich nach Osten durchzuschlagen. In die verstopften Rückzugsstraßen krachen Bomben und Granaten, hämmern die Bordwaffen der Jabos.

Hitler verschiebt wieder Feldmarschälle; Model löst Kluge ab, der appelliert in einem Abschiedsbrief an den Führer, den aussichtslos gewordenen Kampf zu beenden, und tötet sich auf dem Heimweg nach Deutschland mit Gift.

Der Kessel von Falaise wird zur Katastrophe des Westheeres. Am 19. August können zwar noch 80 000 Mann ausbrechen. 45 000 Soldaten aber gehen in Gefangenschaft oder sind gefallen.

Hitler tobt, befiehlt die Verteidigung von Paris, „das nicht oder nur als Trümmerfeld in die Hand des Feindes fallen darf".

Als General von Choltitz die Stadt unversehrt übergibt, will Hitler sie mit V 1 zusammenschießen lassen. Auch dieser Befehl wird nicht ausgeführt.

In Südfrankreich gelandete US-Einheiten stoßen die Rhône aufwärts. Dort ebenso wie weiter nördlich überholen die schnellen Verbände mühelos die zu Fuß zurückflutenden Deutschen. Eine geplante Verteidigungslinie an der Seine kommt nicht zustande; Patton ist längst drüben ...

Neunzig Tage nach „D-Day" müsse die Seine überschritten sein, hat Montgomery sich vorgenommen. Nun stoßen die Alliierten schon am 75. Tag über den Fluß. „Keinerlei nennenswerte Verbände befanden sich mehr auf der Erde, geschweige denn in der Luft", schrieb Dr. Hans Speidel, damals Generalstabschef der

Heeresgruppe B, in seinen Erinnerungen. Buntscheckige Haufen haste-
ten nach Osten, krallten sich hier und
dort fest, wurden überwältigt oder
geworfen. Nur die 15. Armee, deren
Masse die ganze Zeit vergebens auf
die „Haupt-Invasion" am Pas de
Calais gewartet hatte, entkam ver-
gleichsweise vollständig und mit
schweren Waffen über die Schelde.
Nicht zuletzt deshalb gelang es
Model schließlich, eine Verteidigungslinie von der Scheldemündung
zum Westwall, durch Luxemburg und
Elsaß-Lothringen zur Schweizer
Grenze aufzubauen.
Zu dieser Zeit verstärkten sich die
Nachschubsorgen der Alliierten.

Noch war kein Hafen von nennens-
werter Kapazität in ihrer Hand;
Cherbourgs Kais waren vor der
Kapitulation gründlich zerstört worden, über hastig reparierte Anlagen
und über die alten „Mulberries" vor
der Normandie mußten täglich mindestens 20 000 Tonnen Material
gelöscht und über immer weitere
Entfernungen nach vorn gebracht
werden. Und das Eisenbahnnetz hatten sie selbst zerschlagen müssen. Da
nahm die 11. britische PzDiv. am
4. September – nach dem wilden
Vorstoß über 350 km in knapp vier
Tagen – Antwerpen mit fast unbeschädigten Hafenanlagen. Aber diese
waren nur durch die Schelde-

mündung zu erreichen, und die war
noch fest in der Hand der Deutschen.
Statt nun zuerst diese wichtige
Wasserstraße mit allen Kräften frei-
zukämpfen, entschloß sich Montgomery zu einem gewagten Sprung
nach vorn, in der tiefen Flanke der
feindlichen Truppen über den
Niederrhein. Die Hoffnung war
immerhin berechtigt, daß die feindlichen Einheiten an der Scheldemündung sich der drohenden
Umklammerung nach Osten entzie-
hen würden. Strategen mögen sich
noch lange über dieses Problem strei-
ten, schreibt Churchill in seinen
Memoiren. So meint der US-
Historiker Cornelius Ryan, Mont-

gomery habe das Unternehmen aus Hochmut und Eitelkeit befohlen – und aus Wut darüber, daß nicht er, sondern Eisenhower den Oberbefehl über die alliierten Landstreitkräfte erhalten hatte.

In der Tat hatte „Ike" verabredungsgemäß am 1. September den Oberbefehl übernommen. Unter seiner Oberleitung befehligten „Monty" (21. britische Heeresgruppe) und US-General Omar Bradley (12. amerikanische Heeresgruppe) nunmehr 37 Divisionen mit Kampftruppen von mehr als einer halben Million Mann. Mit dieser Streitmacht, entschied Eisenhower, sei auf breiter Front an die deutsche „Siegfriedlinie" heranzurücken und dann ein Stoß ins Saargebiet zu führen. Darin war der vorwärtsdrängende Montgomery allerdings völlig anderer Ansicht. Er schlug Anfang September vor, auf eine breite Front zu pfeifen und die gesamten Streitkräfte zu einem entschlossenen Stoß zusammenzufassen – um entweder unter seiner Führung im Norden durchzubrechen und das Ruhrgebiet zu umfassen oder unter Bradley im Süden gegen die Saar. In jedem Fall aber sollten für diesen Durchbruch sämtliche Kampfmittel und der gesamte Nachschub zur Verfügung stehen. Und er machte kein Hehl daraus, daß er angesichts der ungeheuren operativen Möglichkeiten im freien Raum der Nord-

deutschen Tiefebene der Offensive im Norden den Vorzug geben würde. So sei der Krieg bis Weihnachten zu beenden.

Erst als Eisenhower an seinem bedächtigen Plan festhielt, kam es zum Kompromiß: Montgomery sollte wenigstens Gelegenheit erhalten, zum Niederrhein durchzustoßen und auf dem nördlichen Ufer bei Arnheim einen Brückenkopf zu errichten. Man mag vermuten, daß Enttäuschung über die Ablehnung der großen Lösung das Urteilsvermögen Montgomerys bei der Entwicklung dieses Planes trübte; daß Eisenhower ihn halbherzig genehmigte, um den britischen Kollegen nicht noch mehr zu verärgern. Zeitdruck kam hinzu, denn der deutsche Widerstand versteifte sich von Tag zu Tag. Das Ergebnis war „Kleckern".

Arnheim

Die ersten Soldaten, die in der bisher größten Luftlandeoperation der Kriegsgeschichte auf feindbesetztem Boden landeten, waren die Männer der Unabhängigen Fallschirmjägerkompanie des britischen Majors B. A. Wilson. Zwölf umgebaute Stirling-Bomber brachten sie am Mittag des 17. September 1944 über das Heidegebiet westlich von Arnheim, in dem sie für die dichtauf folgenden Einheiten der 1. Luftlandedivision

Bild rechts: Der historische Augenblick des Generals Charles de Gaulle. Zusammen mit Winston Churchill marschiert er als Befreier in seine Hauptstadt ein. Am 25. August 1944 erreichten die Vorausabteilungen der Alliierten die französische Hauptstadt, das Gros folgte am nächsten Tag (*Bild oben:* die Amerikaner ziehen durch den Arc de Triomphe in Paris ein).

mit bunten Tüchern Absprungplätze abstecken sollten. Im Tiefflug betrachtete Kompaniechef Wilson die saftigen holländischen Wiesen und genoß das friedliche Bild grasender Kühe. Die Idylle wurde auch über dem Zielgebiet kaum gestört; mässiges Flakfeuer schüttelte die Flugzeuge, zwei Fallschirmjäger wurden beim Absprung durch Infanteriewaffen verletzt, und der Major hatte sich kaum von seinem Fallschirm befreit, als sich ein älterer, besorgt aussehender deutscher Soldat regelrecht zur Gefangennahme aufdrängte.

Aber ein paar Kilometer weiter nördlich, in Hoenderloo, hatte ein erheblich gefährlicherer Mann einen zunächst noch gleichgültigen Blick auf die letzten in der Heide niedergehenden Fallschirme geworfen: SS-Obersturmbannführer Walter Harzer, Ia der 9. SS-Panzerdivision „Hohenstaufen", stieß dort auf das Wohl des

Kommandeurs seiner Aufklärungsabteilung, Hauptsturmführer Walter Gräbner, an, der vor ein paar Tagen mit dem Ritterkreuz dekoriert worden war. Die Fallschirme regten die SS-Offiziere nicht weiter auf: Offenbar hatte die Flak einen Ami-Bomber erwischt. Während Wilsons Männer unter den Augen hingerissener Holländer in aller Ruhe ihre Tücher auslegten und ein sonores Dröhnen im Süden die sich nahende Luftlande-Armada ankündigte, die SS-Offiziere sich zuprosteten und Generalfeldmarschall Walter Model in einem Hotel in Oosterbeek, dem unmittelbar an das Landegebiet angrenzenden Arnheimer Vorort, einige Herren seines Stabes zu einem Gläschen gekühlten Mosels versammelte, bereiteten sich in den umliegenden Ortschaften und Gehöften ein paar tausend SS-Soldaten auf das mittägliche Essenfassen vor. Nach Ansicht der meisten Feindnach-

Nachdem die Invasion an der Kanalküste „gelaufen" war, landeten die Alliierten am 15. August 1944 auch im Süden Frankreichs (Operation „Dragoon"). Die Landung erfolgte an fünf Stellen zwischen Hyères und Saint-Maximin.
Bild oben:
Fallschirmjäger über der Provence.
Bild rechte Seite oben:
Die ersten Boote nähern sich den Felsenklippen der französischen Riviera.

Bild rechte Seite unten:
Freifranzösische Truppen rücken in ein korsisches Dorf ein. „Als ich gestern abend an Land gegangen war und mit einem Tornister auf dem Rücken einen steilen Pfad hinaufkletterte", heißt es in einem Brief eines französischen Soldaten, „sah ich einen Bauern mit rotem Gesicht, blauer Leinenhose und Mütze. Den ganzen Morgen hatte der Bauer am Schauspiel der Befreiung

seine Augen ge-
sättigt, aus seinem
Keller holte er
Weinflaschen her-
aus, die den
Deutschen ent-
gangen waren,
und gab sie den
amerikanischen
Soldaten in sei-
nem Weinberg.
Aber er war auch
ein ernsthafter
Mann und wußte,
daß der Rhyth-
mus der Erde sich
nicht den mensch-
lichen Ereignissen
anpaßt. So berei-
tete er jetzt seine
Ernte vor, seine
erste freie Ernte
seit vier Jahren.
Das alles erzählte
er mir mit ganz

einfachen Worten,
und da ich der
erste an Land
gegangene Fran-
zose war, den er
gesehen hatte,
sagte er zu dem
Sohn, er solle mir
eine schöne Trau-
be von den Mus-
katellertrauben
bringen .... Auf
der Erde Frank-
reichs, die ich nun
wieder betreten
hatte, schlief ich
die ganze Nacht
unter den Kiefern.
Der Boden war
trocken, roch gut,
und um nichts in
der Welt hätte ich
dieses königliche
Lager mit einem
Bett getauscht.“

richten-Offiziere in den alliierten
Stäben durften sie sich dort keines-
wegs aufhalten. Sie würden es in
Arnheim mit „Hitlerjungen und
Greisen auf Fahrrädern“ zu tun
bekommen, wußten die englischen
Fallschirmjäger. In der Tat hatte nur
ein blinder Zufall die Soldaten zweier
angeschlagener, aber fanatischer und
kampferprobter SS-Panzerdivisionen
in das Gebiet von Arnheim geführt.
Andere Faktoren jedoch, die aus dem
kühnsten Unternehmen des Feld-
marschalls Bernard L. Montgomery
ein blutiges Debakel machen sollten,
waren einprogrammiert, voraussehbar
und die Folgen politischer und per-
sönlicher Differenzen, wie sie der
Koalitionskrieg unvermeidlich mit
sich bringt.
Nach dem Zusammenbruch der deutschen Front in der Normandie hatte
der Vormarsch der alliierten Armeen
ein atemberaubendes und für die
Logistiker nervenzerrüttendes Tempo

angenommen. Anfang September würde man die Deutschen bis zur Seine zurückgedrängt, sieben Monate später die deutsche Grenze erreicht haben, war zu Beginn der Invasion im Stab des Oberbefehlshabers Eisenhower geschätzt worden.

Statt dessen stand nun, Anfang September, der südliche Flügel des alliierten Millionenheeres schon am Westwall, wo der US-Panzergeneral Patton wütend darauf drängte, für einen Stoß über die Saar nach Frankfurt mit Nachschub versorgt zu werden: „Meine Soldaten können ihre Gürtel fressen, aber meine Tanks brauchen Benzin!" Und im Norden hatte die 11. britische Panzerdivision Antwerpen mit fast unbeschädigten Hafenanlagen genommen.

Davon hatten die geplagten alliierten Nachschub-Planer jedoch nichts,

denn die rund 75 km lange Zufahrt zum Hafen, die Westerschelde, war auf beiden Ufern von der 15. deutschen Armee besetzt, die sich als einziger Großverband in ziemlich guter Ordnung aus dem Calais-Gebiet hierher zurückgezogen hatte. Die gesamte Versorgung, mindestens 20 000 Tonnen täglich, mußte also vorerst weiterhin in Cherbourg gelöscht und über rund 700 Straßenkilometer nach vorn geschafft werden.

Seit der Invasion hatte Feldmarschall Montgomery die Koordinierung sämtlicher alliierter Landstreitkräfte in der Hand. Am 1. September übernahm der Oberbefehlshaber, US-General Dwight D. Eisenhower, verabredungsgemäß persönlich die Gesamtleitung, und „Monty" mußte sich auf die Führung seiner 21. Heeresgruppe am linken, nördli-

Noch während der Befreiung Frankreichs begann die harte und häufig auch ungerechte Abrechnung mit der Kollaboration. Während die neue provisorische Regierung sich bemühte, klaren Kopf zu bewahren, und eine Abstrafung auf gesetzlicher Grundlage anstrebte, kam es im ganzen Land zu illegalen und blutigen Exzessen.

Bild oben:
Ein Kollaborateur
bekommt die Wut der Widerstandskämpfer zu spüren.
Rechte Seite unten:
Frauen, die verdächtigt wurden, sich mit Deutschen eingelassen zu haben, wurden kahlgeschoren und anschließend unter dem Gespött der Menge durch die Straße getrieben.
Rechte Seite oben:
Deutsche Soldaten werden von Männern der Resistance abgeführt.

chen Flügel beschränken. Sofort kam es zu einer scharfen Auseinandersetzung über strategische Fragen, an der sich von Süden her schrill der populäre US-Haudegen Patton beteiligte.

Der sonst so bedächtig planende Montgomery sah Anfang September die Chance, den Krieg noch vor Weihnachten zu beenden. Er forderte von Eisenhower, seine eigene und die 12. Heeresgruppe unter US-General Omar Bradley „als eine solide Masse von 40 Divisionen" zusammenzufassen und in einem mächtigen Stoß nach Nordosten über den Niederrhein in die Norddeutsche Tiefebene einzubrechen.

Die operativen Möglichkeiten waren in der Tat gigantisch; das Ruhrgebiet war abzuschneiden, selbst Berlin angesichts des Zustandes des deutschen West-Heeres erreichbar. Die Kräfteverteilung auf alliierter Seite, wie sie nach dem Marsch durch Frankreich und Belgien nun einmal war, hätte es allerdings nötig gemacht, alle Anstrengungen unter Montgomerys Frontabschnitt zu konzentrieren und die 3. US-Armee von Patton, dem Lieblingsgeneral der amerikanischen Kriegsberichterstatter, einfach anzuhalten.

Dadurch wurde Montgomerys strategisches Konzept nicht weniger richtig, für einen publizitätsbewußten US-General jedoch unannehmbar. Mit Blick auf die Kommentarspalten der US-Zeitungen, in denen vor dem 1. September schon mächtig darüber spektakelt worden war, daß Bradley und der Durchbruchs-Held Patton immer noch dem Engländer Montgomery unterstanden, beharrte Eisenhower eisern auf seinem Konzept der „Breiten Front", auf der gleichmäßig und bei gleichmäßiger Verteilung des Nachschubs vorzurücken sei. Und insgeheim hoffte jedermann auf amerikanischer Seite, der wilde Patton werde unten im Süden schon einen Durchbruch erzwingen oder, wie er selbst es ausdrückte, „durch den Westwall flitzen wie die Scheiße durch die Gans".

Die durch einen flüchtigen Blick auf die Landkarte erkennbare Tatsache, daß vor Patton bergiges Land mit engen, gewundenen Straßen die Verteidigung begünstigte und schwere Verluste bei Panzerangriffen signalisierte, während sich die Norddeutsche Tiefebene für eine mechanisierte Streitmacht geradezu anbot, wurde verdrängt. Inzwischen brütete Montgomery, die verweigerte Gelegenheit zum entscheidenden Schlag gegen das Dritte Reich vor Augen, einen Plan aus, der alle Nachteile eines Kompromisses aufwies, aber einen gewaltigen Vorteil hatte: Er war machbar, Eisenhower würde ihn genehmigen.

Die beiden hatten eine gemeinsame Sorge: In England warteten, tatendurstig und bis hin zur Insubordination von Langeweile gequält, seit der Invasion englische und amerikanische Eliteverbände auf ihren Einsatz

– die Fallschirmjäger. Mindestens ein dutzendmal seit dem Durchbruch von Avranches waren für sie Luftlandeoperationen geplant worden, mehrere Male hatten sie schon in den Flugzeugen gesessen – jedesmal war das Unternehmen abgeblasen worden, weil der deutsche Widerstand schneller als erwartet zusammenbrach. Eine Chance, diese Eliteverbände in den Kampf zu werfen, würde Eisenhower jederzeit ergreifen. Er genehmigte auch sofort den Plan, den Montgomery ihm vorlegte: Ausgehend von der britischen Front in der Nordostecke Belgiens, knapp westlich der Maas im Bogen des Maas-Schelde-Kanals, sollten die Luftlandetruppen die Brücken entlang der Linie Eindhoven–Uden-

Am 12. September 1944 trafen sich bei Landres in Burgund die ersten Einheiten der „Dragoonfront" mit der 3. US-Armee (Patton) der „Invasionsfront". Die „Säuberung" ganz Frankreichs von deutschen Truppen war damit nur noch eine Frage kurzer Zeit: Stadt für Stadt, Dorf um Dorf wurde von den Alliierten oft schon im ersten Ansturm genommen.
Bild rechte Seite: US-Panzer rollen in das befreite Dreux. Die Ausfallstraße ist bedeckt mit Ausrüstung der zurückweichenden Deutschen. *Bild oben:* Eine kanadische Abteilung macht deutsche Gefangene bei Saint-Lambert-sur-Dives.

Grave–Nimwegen–Arnheim besetzen und damit einen Korridor für drei nachrückende britische Korps schlagen. Wenn alles klappte, würde das Ergebnis ein Brückenkopf auf dem Nordufer des Niederrheins, jenseits der letzten, der Brücke von Arnheim sein.

Wenn alles klappte ... In seinem Buch „Die Brücke von Arnheim" wirft der US-Historiker Cornelius Ryan dem britischen Feldmarschall vor, er habe sich aus gekränkter Eitelkeit und persönlichem Ehrgeiz auf das gefährliche Unternehmen eingelassen, statt zunächst die weniger spektakuläre, aber sinnvollere Aufgabe der Säuberung der Westerschelde zu übernehmen. Abgesehen davon, daß ein erfolgreicher Berufssoldat ohne

Ehrgeiz sowieso schwer vorstellbar ist, tut der Amerikaner dem Briten auch in einem Punkt objektiv unrecht: Das Unternehmen „Market Garden", wie die kombinierte Operation genannt wurde, war durchaus geeignet, zwei Fliegen mit einer Klappe zu schlagen und außer der Öffnung eines Zuganges zur Norddeutschen Tiefebene das Problem der Antwerpen-Zufahrt sozusagen nebenbei zu erledigen: Nur 24 km ist die südlichste Bucht der Zuidersee von Arnheim entfernt; ein einziger Stoß genügte von dort, um das gesamte westliche Holland einschließlich Amsterdam und Rotterdam abzuschneiden. Bemerkenswert ist vielmehr, daß ein Oberbefehlshaber wie Eisenhower die gewaltigen

Möglichkeiten nicht sah oder absichtlich übersah und daß er Montgomery mit Mitteln wursteln ließ, die kaum für das kriegsentscheidende Ziel ausreichen würden. Seit man weiß, daß sie nicht gereicht haben, ist es natürlich bequem, Montgomery zu kritisieren. Für Deutsche sollte bei dieser Diskussion bedenkenswert sein, daß Montgomerys strategisches Konzept die politische Landkarte im Mitteleuropa der Nachkriegszeit entscheidend verändert hätte.

Nachdem so viel Zeit mit nutzloser Diskussion vertan war, wurde das Unternehmen „Market Garden" hastig vorbereitet. Zum ersten Mal in seiner Karriere als Berufssoldat plante der am 1. September zum Feldmarschall ernannte Montgomery

nicht mit seiner an Pedanterie gren-
zenden Genauigkeit. Während der
Vorbereitung tauchten Informationen
auf, die ihn normalerweise dazu
gebracht hätten, entweder das
Unternehmen abzublasen oder den
Kampf mit Eisenhower um eine stärkere Konzentration von Kräften
erneut aufzunehmen. Waren dem
Feldmarschall diese Informationen
bekannt?

Die wichtigste Information, die zur
Änderung der Pläne hätte führen
müssen, betraf die Reste der 9. und
10. SS-Panzerdivisionen „Hohenstaufen" und „Frundsberg". Ihr
Vorgesetzter, der Kommandierende
General des 11. SS-Panzerkorps,
Obergruppenführer Bittrich, hatte am
3. September von Generalfeldmarschall Walter Model, Oberbefehlshaber der Heeresgruppe B, den
Befehl erhalten, die beiden seit der
Landung in der Normandie fast
ununterbrochen eingesetzten und
schwer angeschlagenen Divisionen
vom Gegner zu lösen und aufzufri-
schen. Diese Bewegung begann allmählich am 5. und 6. September. Als
Aufstellungsraum bot sich die ruhige
Gegend um Arnheim an.

Holländische Widerstandskämpfer
berichteten schon bald darauf über
die Truppenbewegung, Luftbilder
zeigten Fahrzeugansammlungen,
aber der Nachrichtendienst des XXX.
britischen Korps, das die Spitze des
Keils der Bodenoperation bilden sollte, berichtete weiterhin, ernsthafte
Gegner seien im Bereich des geplanten Unternehmens nicht zu erwarten.
Am 17. September begann das Unternehmen „Market Garden". Die
Brücken auf den ersten Stationen der
zu schlagenden Bresche, zwischen
Eindhoven und Nimwegen, wurden
von der 101. und der 82. US-
Luftlandedivision besetzt. Das Ziel
des ganzen Unternehmens, die
Niederrhein-Brücke von Arnheim,
sollte von der 1. britischen Luftlandedivision zusammen mit der polnischen Fallschirmjägerbrigade des
Generals Stanislaw Sosabowski
genommen werden. Es konnte kein
Zweifel daran bestehen, daß
Arnheim, das am weitesten entfernt

liegende Ziel, zugleich der entscheidende und der gefährlichste Punkt des ganzen Unternehmens war.

Nach der Verteilung der Lufttransportkapazität hätte es jedoch genau umgekehrt sein müssen: Während die Amerikaner im Süden großzügig genug bedient wurden, um fast ihre gesamten Kampftruppen am ersten Tag an den Feind zu bringen, verzettelte sich das Absetzen der Briten und Polen laut Plan auf drei volle Tage, und durch ungünstige Umstände wurden noch mehr daraus. In den von Wilsons Pfadfinder-Kompanie abgesteckten Gebieten landeten am 17. September nur zwei der drei Brigaden der 1. Luftlandedivision. Am 18. sollte die 4. Fallschirmjägerbrigade unter Sir John Hackett folgen, schließlich am 19. Sosabowskis Einheit.

Als „Shan" Hackett und seine Brigade sich zum Abflug fertig machten, hielt er nach dem offiziellen „Briefing" seine Bataillonskommandeure zurück und sagte: „Das waren also unsere Befehle und der Plan, und nun könnt ihr das alles gleich wieder vergessen. Wir treten nämlich gegen einen Gegner an, der blitzschnell und mit äußerster Härte reagiert, wenn sich eine wirklich entscheidende Bedrohung zeigt. Seit gestern, seit der Landung der ersten Welle, hatten die Deutschen Zeit genug, unsere Absichten zu erkennen. Ihr Widerstand dürfte inzwischen voll entwickelt sein. Wir werden unseren schwersten Kampf und unsere größten Verluste nicht beim Halten unserer Ziele, sondern schon auf dem Weg dorthin haben."

Am 17. September 1944 starteten die Alliierten bei Arnheim die bisher größte Luftlandeoperation der Geschichte. Das alliierte Oberkommando verfolgte mit dieser Unternehmung („Market Garden") den Plan, sich in den Niederlanden starke Brückenköpfe rechts des Rheins zu sichern, aus denen heraus der Stoß in die Norddeutsche Tiefebene hätte erfolgen können.

In der Tat erreichte Hacketts Brigade nie das ihr zugewiesene Ziel, das Höhengelände im Norden Arnheims. Inzwischen war drüben, wo es mit der Landung von Wilsons Pfadfinder-Kompanie so glatt begonnen hatte, eine Menge schiefgegangen.

Die beiden Brigaden der von General Roy Urquhart befehligten 1. Luftlandedivision waren zunächst mit Lastenseglern und an Fallschirmen gut gelandet. Ein Bataillon, geführt von Oberstleutnant John Frost, setzte sich sofort in Marsch zum rund zehn Kilometer entfernten Ziel des Angriffs, der Straßenbrücke. Der Vormarsch wurde zunächst fast nur von jubelnden Holländern gestört. Aber dann brach die Hölle los.

Die deutsche Führung, die aus den vorbereitenden Luftangriffen noch keinerlei alarmierende Schlüsse gezogen hatte, wurde aufgeschreckt und reagierte zumindest auf mittlerer Ebene mit der Geschwindigkeit und Härte, die Brigadier Hackett vorausgesagt hatte. Die Mitteilung, daß in ein paar Kilometer Entfernung feindliche Lastensegler landeten, hatte Generalfeldmarschall Model nicht

nur mit solcher Eile auf die Straße eilen lassen, daß er ein Köfferchen verlor und Toilettensachen über den Bürgersteig streute, sondern auch zu der etwas zu selbstbewußten Überzeugung gebracht, dies sei ein Handstreich der Alliierten, um ihn zu kidnappen.

Sachbezogener reagierten die SS-Offiziere. Unter der Parole „Der Feind ist da, wo Gefechtslärm ist!" (Bittrich) warfen sie ihre Einheiten gegen den so plötzlich erschienenen Feind. Frosts Bataillon erreichte zwar die nördliche Auffahrt der Straßenbrücke, stand aber schon gegen Abend in erbittertem Abwehrkampf, die Gebäude an der Straßenrampe haltend, aber unfähig, das Südende der Brücke zu besetzen oder Verbindung zu den nachrückenden Einheiten aufzunehmen. Das Schlimmste aber war, daß der Divisionskommandeur verschwunden war.

Eine technische Panne hatte General Urquhart in eine peinliche Situation gebracht: Die Funkgeräte, mit denen er Verbindung zu Frost und den nachrückenden Einheiten halten wollte, funktionierten in dem dicht-

Während den Amerikanern am 20. September 1944 die Eroberung der Rheinbrücke bei Nimwegen gelang *(links:* Nachschub rollt über den Fluß nach Osten), scheiterte bei Arnheim die 1. britische Luftlandedivision.

Oben: Britische Soldaten gehen in Gefangenschaft. Ihre Einheit, die die Brücke von Arnheim besetzen sollte, wurde eingeschlossen. Nur 2 400 Soldaten gelang der Ausbruch, 7 000 blieben als Gefangene, Verwundete oder Gefallene zurück.

bebauten Gelände nicht. Als der General daraufhin selbst nach vorn ging, geriet er zwischen deutsche Truppen und mußte sich 36 Stunden lang in ihrer Hörweite auf einem Dachboden verstecken.

Die SS-Verbände verstärkten sich ständig, Panzer und Artillerie rollten an, auch Model hatte sich schnell von seinem Schrecken erholt und beim OB West, Feldmarschall von Rundstedt, Verstärkungen angefordert. Und sie kamen: zuerst ein Versehrtenbataillon unter Führung eines Majors mit Holzbein und Krücken, 16- bis 17jährige Arbeits-

dienst-Jungen, dann aber auch Pionier- und Polizeibataillone, Flakbatterien, bunt zusammengewürfelte Alarmeinheiten aus Marine und Luftwaffe.

Als General Hackett am frühen Nachmittag des 18. September landete, war der Absprungplatz seiner Brigade gerade notdürftig durch einen Bajonettangriff feindfrei gemacht worden. Trotz der chaotischen Verhältnisse kam die Truppe halbwegs herunter. Der draufgängerische General, der zunächst einmal seinen beim Absprung verlorengegangenen Stab suchte, machte dabei

einige Gefangene, „obwohl ich viel mehr Angst hatte als die". Dann traf er auf Charles Mackenzie, Urquharts Stabschef, und dessen Neuigkeiten stimmten ihn unfroh:

Der Divisionskommandeur verschwunden, Brigadier P. H. W. Hicks (Sir John: „Ein guter, aber wenig einfallsreicher Soldat") als Kommandeur eingesprungen, Frost an der Brücke festgenagelt. Und ein Bataillon sollte er von seiner Brigade sofort abgeben, um einen Stoßtrupp, der zu Frost endlich durchbrechen sollte, zu verstärken. Mit Entsetzen registrierte er, daß diese Kampfgruppe nicht einmal unter einen gemeinsamen Oberbefehl gestellt worden war, daß vier Batailionskommandeure unabhängig voneinander in der Nacht durch bebautes Gelände und unter starkem Feinddruck vorrücken sollten. „Das hieß ein Desaster herausfordern!" In der Tat kam keine der Einheiten bei Frost an.

In der Stadt, die an allen Ecken und Enden brannte, kam es zu erbitterten Häuserkämpfen. Inzwischen warfen alliierte Lufttransportgeschwader in Unkenntnis der Lage den dringend benötigten Nachschub hinter die deutschen Linien. Auf der Brücke schoß Frosts Truppe die Aufklärungsabteilung des soeben dekorierten Hauptsturmführers Gräbner, die von Süden durchbrechen wollte, auf kürzeste Entfernung zusammen. Gräbner kam dabei ums Leben. Frosts Männer hatten gehofft, andere Fahrzeuge auf der Brücke auftauchen zu sehen: In zwei Tagen, so lautete Montgomerys Plan, sollte das XXX. Korps, an der Spitze die Gardepanzer, bis zur Brücke von Arnheim durchstoßen. Aber auch zwischen Eindhoven und Nimwegen lief nicht alles planmäßig. Zwar hatten die Luftlandeunternehmen im wesentlichen geklappt. Aber der Vormarsch der Panzertruppen blieb immer wieder stecken. Die Vormarschstraße verlief zum Teil durch unbefahrbares Sumpfgelände, zum Teil über einen Damm, den Panzerfahrzeuge nicht verlassen konnten. Was kann die mächtigste Streitmacht schon ausrichten, wenn ihre Spitze sich „auf einer Panzerbreite" vorwärtskämpfen muß? Einzelne Sturmgeschütze, Pak- oder Flakstellungen mußten in endlosen Gefechten niedergekämpft werden.

Erst am 20. September sollten die Panzerspitzen die Waalbrücke in Nimwegen erreichen und sich unter blutigen Opfern den Zugang erkämpfen, während US-Fallschirmjäger weiter westlich im Kugelhagel den Fluß in Sturmbooten überwanden. Die Eingeschlossenen von Arnheim sollten noch lange warten. Am 19. September hatte sich General Urquhart endlich aus seinem Dach-

boden davonschleichen können. Er erkannte sofort, daß seine zusammengeschmolzene Division den ursprünglichen Plan, Arnheim bis hin zu den nördlichen Höhen zu besetzen, nicht mehr erfüllen konnte. Es zeigte sich, daß es auch für einen koordinierten Vorstoß zu Frost an der Brücke zu spät war. Die Reste der Division zogen sich in einen Brückenkopf im westlichen Vorort Oosterbeek zurück, angelehnt an das Nordufer des Niederrheins. Unmittelbar südlich davon sollten am 20. September General Sosabowskis polnische Fallschirmjäger abspringen, deren für den 19. geplanter Abflug in

Noch im Zuge der Befreiung Frankreichs rollte der alliierte Vormarsch ostwärts Richtung Rhein weiter. *Bild oben:* amerikanische Einheiten erreichen Ende 1944 die Befestigungsanlagen der Maginot-Linie. *Bilder rechte Seite:* amerikanische Infanterie am „Westwall" (oben); ein Sherman-Panzer wird über eine Pontonbrücke über die Mosel gesetzt (unten). Was im Ersten Weltkrieg vermieden werden konnte, sollte im letzten Akt des Zweiten Weltkrieges 1944/45 Wirklichkeit werden: Deutschland wurde zum Kriegsschauplatz.

England wegen schlechten Wetters scheiterte. Auch am 20. hingen die Wolken tief, konzentriertes Flakfeuer zerstreute die Verbände der Transportmaschinen, der Absprung der 3 000 Elitesoldaten wurde zum blutigen Desaster. Ganze 50 von ihnen konnten sich schließlich in Urquharts Kessel durchschlagen.

An diesem Nachmittag war Frosts Truppe von ursprünglich 600 Mann auf 140 zusammengeschmolzen, der Oberstleutnant lag schwer verwundet in einem Keller. Abends kämpfte nur noch eine kleine Gruppe an der Brücke. Sie gab erst drei Tage später auf, als die letzte Patrone verschossen war.

Am Nachmittag des 25. September erreichten die Spitzen des XXX. Korps gegenüber von Oosterbeek das Südufer des Niederrheins. In der folgenden Nacht floh das Häuflein der Überlebenden der stolzen 1. Luftlandedivision nach Süden über den Fluß, schwimmend oder in Pionierbooten. Über 10 000 Mann waren in Arnheim gelandet, ganze 2 400 fan-

den sich schließlich in den Sammelstellen.

Übrig blieb ein kleines Stückchen Menschlichkeit mitten im blutigen Gemetzel: In der Nacht zum 21. September war von der deutschen Seite ein Funkspruch des britischen Divisionsarztes Oberst Warrack abgehört worden: „Unsere Verbandsplätze sind überfüllt, es fehlt an Medikamenten und Wasser." Daraufhin befahl SS-General Bittrich, alles für die Rettung der britischen Verwundeten zu tun.

Winston Churchill meinte zwar: „Die Schlacht hat mit einem ausgesprochenen Sieg geendet; nur die führende Division, die berechtigterweise nach mehr strebte, ist zerzaust worden ... ", aber was sich in Arnheim entschied, war nicht der Kampf um eine von mehreren gleichwertigen Brücken. Die Brücke von Arnheim war das einzige Ziel der ganzen Operation, das Tor zum vorzeitigen Ende des Krieges. Daß sie nicht gehalten werden konnte, hat mit großer Wahrscheinlichkeit die Geschichte verändert.

Zuvor schon stark bombardiert, wobei Dom, Kaiserpfalz und weitere Kulturdenkmäler zerstört oder beschädigt wurden, sollte Aachen als „Wiege des Heiligen Römischen Reiches" nach Hitlers Willen um jeden Preis gehalten werden. Trotz zäher Straßenkämpfe mußte Aachen als erste deutsche Stadt am 21. Oktober 1944 den Amerikanern übergeben werden.

Bild oben: deutsches MG-Nest im Stadtkern.

Rechte Seite: „Hausdurchsuchung" nach Übergabe Aachens an die Amerikaner.

Ardennenoffensive

Mit mildem Staunen, aber ohne jede Spur von Empörung registrierte General Hasso von Manteuffel am 3. November 1944, welches an Verachtung grenzende Mißtrauen Hitler seinen höchsten Kommandeuren entgegenbrachte: Auf Befehl des Obersten Kriegsherrn mußte er vor einer Konferenz der Armeeführer in Feldmarschall Models Heeresgruppe B ein ungewöhnliches Dokument unterschreiben. Die Offiziere verpflichteten sich darin zu vollkommenem Stillschweigen über die Informationen, die der Chef des Wehrmacht-Führungsstabes, Generaloberst Jodl, ihnen geben würde, und wurden darauf aufmerksam gemacht, daß ein Bruch dieses Gebots die Todesstrafe nach sich ziehen könne. Solcherart auf den Status schwer erziehbarer Jungen reduziert, die nur durch Strafandrohung zur Einhaltung der einfachsten Regeln gezwungen werden können, hörten die Generäle zum ersten Mal von der bevorstehenden Ardennenoffensive. Die Idee war inzwischen rund sieben Wochen alt, aber nur ein paar Männer wußten bis dahin davon. Am 16. September hatte Hitler nach einer Lagebesprechung in der „Wolfsschanze" OKW-Chef Keitel, Jodl und Generalstabschef Guderian zurückgehalten und, theatralisch mit der Faust auf die Landkarte schlagend, ausgerufen: „Ich will die Offensive – hier in den Ardennen! Über die Maas und weiter nach Antwerpen!"

Sicher ist: Wenn es jemals nach der Invasion einen Zeitpunkt gegeben haben sollte, an dem die deutsche Wehrmacht die Initiative im Westen zurückgewinnen konnte, dann hatte Hitler ihn durchaus getroffen. Im späten Herbst 1944 litten die alliierten Armeen an Deutschlands Westgrenze immer noch unter überdehnten Nachschublinien; nur in Cherbourg wurden Sprit, Munition und Verpflegung gelöscht, Le Havre und Rotterdam waren noch nicht als Versorgungshäfen zu benutzen. Das mißlungene Unternehmen gegen die Niederrheinbrücke in Arnheim, die schweren Kämpfe im Hürtgenwald und an der Roer hatten Eliteeinheiten dezimiert und erschüttert. Zugleich aber machte sich in Stäben ebenso wie in Mannschaftsquartieren die in jedem Falle gefährliche Überzeugung breit, der Gegner sei am Ende.

Auch die strategische Grundidee hatte manches für sich. Der Vorstoß aus den Ardennen schräg hinauf nach Antwerpen würde im südlichen Holland und nördlichen Belgien rund 30 alliierte Divisionen abschneiden. Die Frage war nur, ob die Wehrmacht nach den Aderlässen der letzten Zeit – allein in den Monaten Juli, August und September betrugen die Verluste 1,2 Millionen Mann – die Kraft für ein solches Unternehmen aufbringen würde. Rund dreißig Divisionen waren nötig – woher sollten die Soldaten, woher ihre Waffen kommen?

Immer wieder hatte die deutsche Kriegspropaganda nach der alliierten Invasion in Frankreich mit ihren Durchhalteparolen der Heimat und den Soldaten an der Front einen unmittelbar bevorstehenden Umschwung versprochen. Im Dezember 1944 sah es einige Tage lang tatsächlich so aus, als könne das Blatt noch einmal gewendet werden.

Bild rechts: **Planung der Ardennenoffensive, November 1944. Von links: Generalfeldmarschall Model, Generalfeldmarschall von Rundstedt sowie General Krebs.**
Linke Seite: **Mittels Zeichensprache erkundigt sich ein in Gefangenschaft geratener GI bei Offizieren der 1. SS-Panzerdivision nach dem einzuschlagenden Weg.**

Noch hatte das Großdeutsche Reich zehn Millionen Mann unter Waffen. Und ergebene Gehilfen des Führers waren mit Eifer dabei, das Letzte aus dem Volk herauszuquetschen: Goebbels, der Reichsbevollmächtigte für den totalen Kriegseinsatz; Himmler, nun auch Oberbefehlshaber des Ersatzheeres; Speer, der unermüdliche Rüstungsminister ... Bis November standen allein 18 frische, wohlausgerüstete Volksgrenadierdivisionen bereit, ihre Kurzausbildung zumeist durch Begeisterung ergänzend. War da nicht wirklich eine reelle Chance, das Blatt noch einmal zu wenden?

Der seit dem mißlungenen Bombenanschlag vom 20. Juli angeschlagene und körperlich verfallene Diktator lebte auf und strahlte fast wieder die alte Faszination aus, als Jodl ihm unter dem symbolträchtigen Namen „Christrose" am 12. Oktober befehlsgemäß einen ausgearbeiteten Plan vorlegte, nach dem am zweiten Tag die Maas zu überqueren und am siebten Tag Antwerpen zu nehmen war. Er war begeistert und ordnete nur eine einzige Änderung an: Der Deckname sollte „Wacht am Rhein" lauten. Die Kommandeure an der Westfront sollten möglichst spät von dem Plan erfahren.

Soweit war es dann an diesem 3. November, und zu Jodls Mißvergnügen waren die Generäle nicht überrumpelt genug, um nicht sogleich Bedenken anzumelden. Hasso von Manteuffel bezweifelte kühl, daß die für den 25. November angesetzte Operation vor dem 15. Dezember stattfinden könnte. Und Feldmarschall Model entwickelte sofort einen Alternativplan, der, wie die Ereignisse zeigen sollten, zwar den Realitäten eher angepaßt war, aber vermutlich genausowenig funktioniert hätte: Vorstoß aus den Ardennen nur bis zur Maas, dann Eindrehen nach Norden. Gleichzeitiger Angriff der 15. Armee aus dem Bereich des Dreiländerecks Holland–Belgien–Deutschland, um einen zweiten Zangen-Arm zu bilden.

Nach dem Gelingen dieser Kesselschlacht könne der Vorstoß nach

Antwerpen angesetzt werden. Natürlich blieb es beim Hitler-Jodl-Plan. Nur die Bedenken Manteuffels erwiesen sich als stichhaltig: Erst im Morgengrauen des 16. Dezember konnte das Unternehmen „Wacht am Rhein" beginnen.

Zwei Voraussetzungen mußten erfüllt sein, um einen Offensiverfolg, mit welchem Ziel auch immer, zu gewährleisten:

Die Infanterie mußte es schaffen, die amerikanische Front so schnell und so weit aufzureißen, daß die durch die Lücke brechenden Panzerdivisionen noch den Vorteil der Überraschung für sich hatten, wenn sie das Hinterland aufrollten.

Die winterliche Tief-Wetterlage mit auf den Bergen schleifenden Wolken mußte erhalten bleiben, um die den

Bild oben: **SS-Unterführer beim Kartenstudium in einem VW-Schwimmkübel. Am 16. Dezember 1944 begann die Offensive in den Ardennen. Was als Vorstoß auf Antwerpen gedacht war, blieb auf halbem Wege stecken. Das Unternehmen „Wacht am Rhein" zerbrach an alliierter Materialüberlegenheit und Luftherrschaft. Entscheidend auch der Treibstoffmangel bei den Deutschen, denen es nicht gelang, das US-Depot bei Spa zu erobern.** *Bild rechte Seite:* **Deutsche Kommandotruppen haben eine Pionierbrücke gesichert.**

Himmel beherrschende Luftwaffe der Alliierten am Boden zu halten.

Wenn alles nach Jodls Plan gegangen wäre, dann hätten die deutschen Panzer immerhin schon in Antwerpen gestanden, als um den 22. Dezember langsam der Himmel aufriß. Aber sie waren noch nicht einmal an der Maas, als sich die Lightnings, Typhoons und Mustangs im Tiefflug auf sie und ihre Nachschubkolonnen stürzten, die dröhnenden Verbände der Fortress, Liberator und Marauder ihre Bombenklappen öffneten. Und das war weitgehend eine Folge der Tatsache, daß auch die erste Voraussetzung nicht erfüllt worden war.

Die wehrmachtinterne Meinung über US-Soldaten, nach den ersten Kontakten zwischen völlig unerfahrenen GIs und deutschen Elitetruppen in Afrika noch überaus geringschätzig, hatte sich inzwischen schon sehr gewandelt. Aber immer noch herrschte die Meinung vor, daß die Amerikaner zwar einigermaßen schneidig in der Offensive sein könnten, zu zäher Verteidigung unter ungünstigen Umständen aber, anders als die „sturen" Engländer, unfähig seien. Das erwies sich als fataler Irrtum.

Der deutsche Angriff brach ohne jede Vorwarnung über sie herein. Der alliierte Nachrichtendienst konnte – wohl hauptsächlich wegen des Wetters, das eine kontinuierliche Luftbeobachtung unmöglich machte – vollständig getäuscht werden. Dabei waren gewaltige Truppenbewegungen nötig, außer den neu aufgestellten Divisionen wurden Einheiten buchstäblich aus allen Gegenden von Norwegen bis zum Balkan in die Eifel gebracht. Während die Bewegungen in diesem Bereich sorgfältig verschleiert wurden, zeigte man auffällige Aktivität weiter nördlich; dort begann sogar eine nicht existierende Armee, die 25., einen heftigen Funkverkehr mit zahlreichen Sendern.

Die logistische Leistung war, angesichts eines schon schwer angeschlagenen Eisenbahnnetzes, gigantisch. Eine gewaltige Streitmacht war zusammengebracht worden, geräuschlos und pünktlich, zusammen mit mächtigem Kriegsgerät, das auf den wichtigsten Gebieten – Panzer und Infanteriewaffen – dem der Alliierten immer noch hoch überlegen war.

In der Nacht vor dem Angriff rollte diese tödliche Kriegsmaschine auf strohbestreuten Straßen in die Bereitstellungsräume. Es machten sich bereit:

Im Norden die 6. SS-Panzerarmee unter SS-Generaloberst Sepp Dietrich; als stärkste Streitmacht (vier Panzer- und fünf Infanteriedivisionen) sollte sie den Hauptstoß führen, beiderseits Lüttich über die Maas gehen und Antwerpen erobern.

Im Mittelabschnitt die 5. Panzerarmee unter Hasso von Manteuffel; drei Panzer- und vier Infanteriedivisionen stark, sollte sie die Maas weiter südwestlich überschreiten, Dietrichs Operation weitausholend mitmachen und seine linke Flanke schützen, insbesondere in der zweiten Phase gegen aus Westen vorrückende feindliche Reserven.

Im Süden die 7. Armee unter General Brandenberger, die einen schützen-

den Schleier an Manteuffels südlicher Flanke entlangziehen sollte; entgegen der ursprünglichen Planung, die eine Panzer- und fünf Infanteriedivisionen vorsah, bestand sie am Angriffstag nur aus vier Infanteriedivisionen. (In Sorge um seine Flanke hatte Manteuffel „wenigstens ein paar Panzer" für Brandenberger gefordert, worauf Hitler schließlich 30 Sturmgeschütze, hundert Raketenwerfer und ein paar Batterien der neuen, weitreichenden 12-cm-Geschütze zusätzlich bewilligte.) Als OKW-Reserve standen zwei Panzer- und fünf Infanteriedivisionen bereit.

Die Nacht zum 16. Dezember war in den Ardennen feuchtkalt und dunstig. In der Spitze des Wasserturms von Hosingen, ungefähr in der Mitte der „Geisterfront", saß als Beobachtungsposten ein junger GI vom 110. US-Infanterieregiment. Wie die meisten seiner Kameraden hatte er noch keine Kampferfahrung.

Um 5.30 Uhr früh rief er pflichtgemäß den Gefechtsstand seiner „K"-Kompanie an, um seine Routinemeldung durchzugeben: „Keine

besonderen Vork ..." Er brach mitten im Wort ab und sagte dann: „Merkwürdig, die ganze deutsche Front ist auf einmal voller komischer Lichtpünktchen!"

Im nächsten Augenblick detonierten rundum Granaten. Wie fast überall an der Front hatte die Artillerievorbereitung begonnen. Zugleich setzten die Einheiten der 26. Volksgrenadierdivision, Manteuffels bester Infanteriedivision, über das Flüßchen Our. Sie sollten für die Panzer, die bei Gemünd und im einige Kilometer nördlich gelegenen Dasburg den Flußlauf überqueren, den Weg freikämpfen. Das schien gegen das „grüne" 110. US-IR, das einen beträchtlichen Abschnitt im Bereich der Ortschaften Mamach, Clervaux, Munshausen, Hosingen, Holzthum, Wahlhausen und Consthum zu halten hatte, kein Problem zu sein. Es wurde eine harte Nuß. Das etwas weiter östlich gelegene Wahlhausen ging nach hartem Kampf verloren. Aber es dauerte bis zum Abend des 16. Dezember. Zu dieser Zeit ging den letzten Überlebenden des Zuges, der Wahl-

Oben:
Deutscher Panzer VI („Königstiger") mit aufgesessener Infanterie in den verschneiten Ardennen.

Voranzukommen war bei den winterlichen Verhältnissen nicht leicht: Mühselig quälten sich die Kolosse über enge Waldstraßen, viele von ihnen blieben in den endlosen Verkehrsstockungen hängen und wurden Opfer der amerikanischen Jagdbomber, als das Wetter aufklarte.

Bild linke Seite:
Bei den Rückzugsgefechten der Amerikaner in Crombach wurde dieses deutsche Sturmgeschütz außer Gefecht gesetzt.

hausen verteidigte, die Munition aus. Sie forderten Artilleriefeuer auf die eigene Stellung an. Nur einer von ihnen überlebte.

In den anderen Orten igelten sich die Amerikaner ein und leisteten wütenden Widerstand.

Als der kurze Wintertag zu Ende ging, waren die Brücken bei Gemünd und Dasburg geschlagen, aber vorn ging es nicht voran. Das Verkehrschaos auf den von „Tiger"-Ketten zermalmten Straßen nahm katastrophale Formen an.

Und die Männer des 110. Regiments hielten noch 36 Stunden lang aus, obwohl nun auch die Panzer der berühmten 2. PzDiv., deren „Pan-

ther" zum Teil mit Infrarot-Nachtzielgeräten ausgerüstet waren, in den Kampf eingriffen. Erst im Morgengrauen des 18. Dezember ergaben sich in Clervaux, Hosingen und Holzthum die letzten Überlebenden oder schlugen sich nach Westen durch. Kaum 2 000 Mann hatten den Vormarsch zweier Elitedivisionen entscheidend verzögert.

Die Chancen für „Wacht am Rhein" hatten sich damit ganz beträchtlich vermindert. Denn der entscheidende, große Durchbruch war auch an den anderen Frontabschnitten nicht gelungen. Eine der beiden Voraussetzungen für einen Erfolg war nicht eingetroffen: Es würde keinen über-

raschenden, zermalmenden Panzer-
sturm durch das Hinterland des
Feindes geben. Zwischen den Ardennen und der Maas begann der
Gegner sich zu organisieren.

Hasso von Manteuffel hatte nicht von
ungefähr seine beiden besten Divisionen noch verstärkt durch Teile der
Panzer–Lehr–Division, die Hitler
ihm zusammen mit der Führer-
Begleitbrigade noch im letzten

Bild rechte Seite:
Die letzte Ziga-
rette vor dem
Angriff. Im Mai
1940 waren sie
durch die Ar-
dennen nach
Belgien und
Frankreich ein-
marschiert. Im

Dezember 1944
sollten sie dieses
Bravourstück
wiederholen.
Doch es waren
nicht mehr diesel-
ben siegesgewis-
sen deutschen
Landser, und es
war auch nicht

mehr derselbe
Feind, gegen den
sie zogen. Fünf
Jahre Krieg hat-
ten die Rollen
gründlich ver-
tauscht.
Bild oben:
Ein letztes Mal in
diesem Krieg soll-

te es für die
Deutschen voran-
gehen. Bis zu 60
Kilometer tief
brach die Wehr-
macht in die alli-
ierten Frontlinien
im Westen ein.

Augenblick unterstellt hatte – im Bereich Dasburg–Gemünd eingesetzt. Es galt, innerhalb der ersten 24 Stunden den Fluß Clervé zu überwinden und sofort Bastogne zu nehmen, den wichtigsten Verkehrsknotenpunkt im ganzen Operationsbereich, in dem sich drei Eisenbahnlinien und fünf wichtige Straßen kreuzen. Die Verzögerung hatte genügt. Die amerikanische Führung warf Verstärkung nach Bastogne. Es wurde zwar eingeschlossen, aber nie genommen. Als der deutsche Kommandeur einen Parlamentär mit der Aufforderung zur Kapitulation in die Stadt schickte, schrieb der amerikanische General McAuliffe als Antwort nur ein Wort auf einen Zettel: „Nuts!" Es bedurfte einer ausgedehnten Rundfrage bei den deutschen Kommandostellen, um zu klären, was das Wort aus dem US-Militärslang bedeutete: „Quatsch".

So langsam es auch bei Manteuffel voranging, die beiden anderen Ar-

meen hatten noch größere Schwierigkeiten. Insbesondere bei Sepp Dietrich, auf den Hitler seine größten Hoffnungen gesetzt hatte, war der Geländegewinn unbedeutend und blieb weit hinter dem Plan zurück. Trotzdem sagte Hitler am zweiten Angriffstag zu General Balck, dessen 1. Armee im Raum Saarbrücken-Trier in schweren Abwehrkämpfen gegen Pattons Armee stand: „Vom heutigen Tag an darf kein Fußbreit Boden mehr preisgegeben werden. Wir marschieren wieder. Balck, Balck, das ist der große Umschwung im Westen! Der Sieg, der Endsieg ... " Gewiß, ein Fähnchen konnte man in den ersten Tagen der „Wacht am Rhein" ziemlich weit westlich in die Lagekarte bohren: Der erst 28 Jahre alte SS-Obersturmbannführer Jochen Peiper, ein schon von der Ostfront als furcht- und rücksichtslos bekannter Panzeroffizier, jagte mit der ersten Kampfgruppe der SS-Division „Leibstandarte" zunächst fast ungehindert

durch das feindliche Hinterland. Auch in seinem Angriffsstreifen Losheimer Graben, dem deutschen Einfallstor nach Westen von 1870, 1914 und 1940, war die Infanterie zunächst nicht vorangekommen. Keuchend vor Ungeduld „pumpte" Peiper sich ein Bataillon von der 3. Fallschirmjägerdivision und setzte seine Kampfgruppe mit ihrer gewaltigen Feuerkraft als Rammbock ein; zu ihr gehörten Panzer IV, schwere „Tiger", schnelle „Panther", zahlreiche „Jagdtiger", mächtige 12,8-cm-Kanonen auf Selbstfahrlafette, einige Batterien „Achtacht" sowie Panzergrenadiere und Brückenbaupioniere in Schützenpanzerwagen. Nachdem er sich aus einem amerikanischen Treibstofflager bei Bullingen bedient hatte, rasselte Peiper schon am 17. Dezember auf Stavelot zu, weit vor jeder anderen Einheit. Aber viel weiter sollte auch er nicht mehr kommen; zusammengewürfelte Truppen, oft nicht einmal mit Pak ausgerüstet,

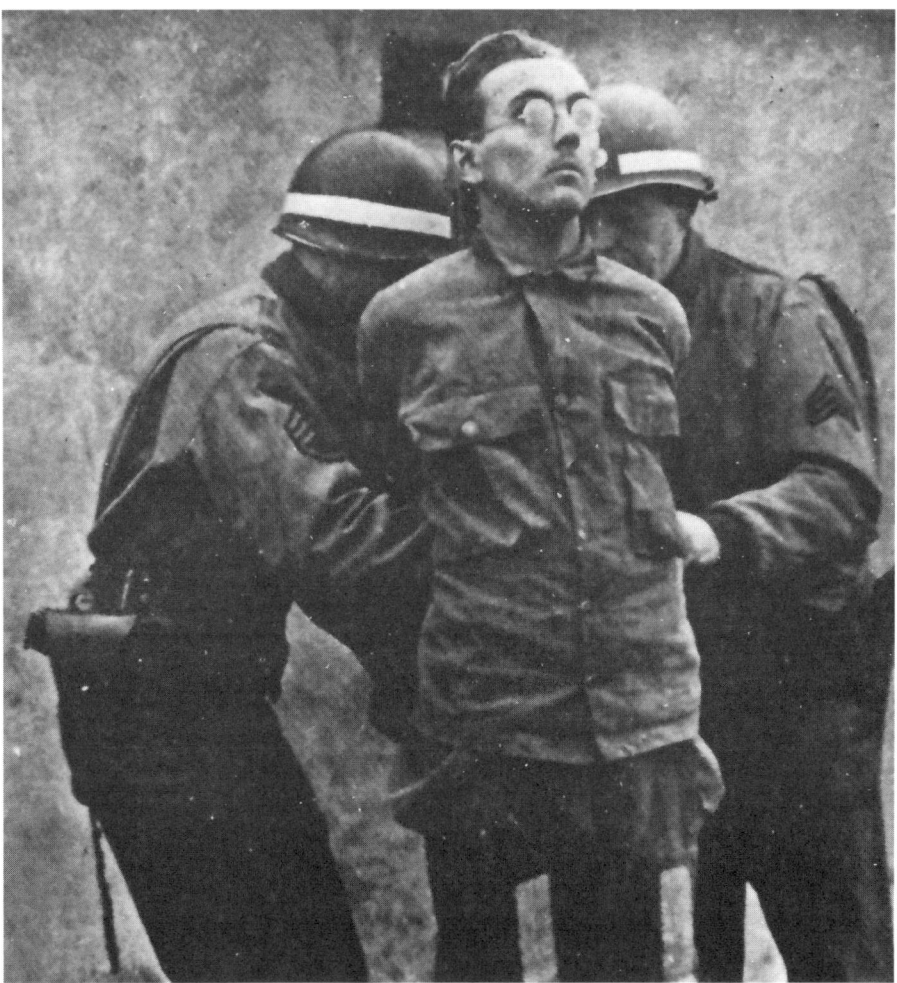

Bild oben:
Als sich die Angriffsspitzen der 6. deutschen Panzerarmee am 17. Dezember den alliierten Benzindepots in den Ardennen näherten, vernichteten die Amerikaner ihre Brennstoffvorräte und brachten damit die mit ihren letzten Tropfen zu den feindlichen Vorratslagern vorgestoßenen deutschen „Tiger" zum Stehen.

Bild linke Seite:
Neben dem zerschossenen Halbkettenfahrzeug eines amerikanischen Panzergrenadierbataillons zeigt ein Offizier seinen Männern das Angriffsziel an. Gleichzeitig mit den Unternehmen „Wacht am Rhein" wurde das Unternehmen „Greif" gestartet, bei dem als US-Offiziere getarnte SS-Männer Verwirrung hinter den feindlichen Linien stiften sollten. Viele Kombattanten dieser von SS-Obersturmbannführer Skorzeny, dem „Mussolini-Befreier", geführten Fünften Kolonne, die in die Einsatzgebiete eingesickert waren, flogen auf.

Bild rechts:
Standrechtliche Erschießung eines Mannes vom „Greif"-Kommando.

bremsten seinen Vormarsch, ein paar Tage später saß die Kampfgruppe eingekesselt jenseits der Amblève, deren Brücken nun gesprengt oder schwer verteidigt waren. Nicht einmal zurück gab es einen Weg; die Kampfgruppe mußte schließlich ihre Fahrzeuge sprengen und sich zu Fuß nach Osten durchschlagen. Zu dieser Zeit traf auch die zweite Voraussetzung für ein Gelingen der „Wacht am Rhein" nicht mehr zu:

Am wolkenlosen Himmel erschienen die Jabos und Bomber der Alliierten. Inzwischen hatte Manteuffels Speerspitze immerhin nahezu die Maas erreicht. Die zweite Panzerdivision stand bei Celles, kurz vor Dinant, aber auch dies bedeutete nicht mehr als ein trügerische Hoffnungen erweckendes Fähnchen auf Hitlers Lagekarte: Angesichts der zurück-

hängenden Armeen Dietrichs und Brandenbergers fehlte der Flankenschutz; Bastogne band immer noch entscheidend wichtige Kräfte; über eine Woche war vergangen, eigentlich sollte man in Antwerpen sein, koordinierte Gegenmaßnahmen der Alliierten liefen an.

Von Südwesten her schlug Pattons 4. Panzerdivision einen Korridor nach Bastogne hinein. Hitler, den die Berichte über General McAuliffes „Nuts"-Botschaft schon rasend gemacht hatten, schäumte und befahl, weitere Einheiten gegen diesen Pfahl im Fleisch einzusetzen, darunter die im Raum Rochefort–St. Hubert stehende Panzer-Lehr-Division, was die linke Flanke der vorgeprellten 2. Panzerdivision völlig entblößte. Doch Bastogne hielt. Was folgte, war nur noch auf die Manie Hitlers

Nach anfänglichen Erfolgen, die nicht zuletzt vom schlechten Wetter herrührten, das die alliierte Luftunterstützung lahmgelegt hatte, fraß sich der deutsche Angriff Heiligabend 1944 in den Ardennen fest. Das Wetter hatte sich gebessert, den Amerikanern wurde wieder nachhaltige Luftunterstützung zuteil. Am zweiten Weihnachtstag brach der ameri-

kanische Gegenangriff los. Die letzte deutsche Offensive war gescheitert, die letzten deutschen Elitedivisionen waren verbraucht.

Bild oben: **Sherman-Panzer in Erwartung des Einsatzbefehls.**

Bild rechte Seite: **Der heftig umkämpfte, von Bomben und Granaten umgepflügte Verkehrsknotenpunkt St. Vith in den Ardennen.**

zurückzuführen, in einen offensichtlichen Mißerfolg so viel Menschen und Material wie nur möglich zu investieren.

Die Menschen machten Grausiges durch. Mit erfrorenen Gliedern, jede Minute von Tieffliegern gejagt, schleppten sich die geschlagenen Armeen in der ersten Januarhälfte zurück in ihre Ausgangsstellungen. Offizielle Verlustzahlen liegen nicht vor; Schätzungen besagen, daß auf deutscher Seite fast 70 000 Mann getötet, verwundet oder gefangengenommen worden sind. Die Verluste auf alliierter Seite waren noch höher.

Unter den Toten waren zahlreiche Amerikaner, die als wehrlose Gefangene von SS-Einheiten niedergeschossen wurden. Als das bekannt wurde, nahmen wiederum US-Einheiten an deutschen Gefangenen Rache.

Kaum Überlebende gab es bei einer Sondereinheit, auf die Hitler große Hoffnungen gesetzt hatte: Unter dem Kommando von Otto Skorzeny sollten SS-Leute in amerikanischen Uniformen im Hinterland Brücken besetzen, schwächere Einheiten überrumpeln und Verwirrung stiften. Eigentlich wurde nur das letzte Ziel erreicht: Es entstand eine Art „5.-Kolonne-Hysterie", Eisenhower wurde von seinen gestrengen Bewachern sogar an Spaziergängen gehindert, und ältere US-Offiziere erlebten gelegentlich peinliche Stunden, wenn sie Testfragen nach Kino-, Baseball- und Comic-strip-Stars nicht beantworten konnten.

Das einzige erkennbare Ergebnis der letzten Großoffensive der deutschen Wehrmacht lag in einer erheblichen Verschiebung der Demarkationslinie zwischen West und Ost. Die Rote Armee begann vorzeitig am 12. Januar ihren Angriff aus dem Baranow-Brückenkopf. Auf der Konferenz von Jalta traf ein strahlender, siegesbewußter Stalin seine westlichen Partner (und zukünftigen Gegner). Seine Panzer standen 65 km vor Berlin. Fünf Monate später wurde Deutschland nach der bedingungslosen Kapitulation der deutschen Wehrmacht am 8. Mai 1945 endgültig befreit.

Krieg der Kinder

Die wuchtigen Sherman-Panzer des 27. Kanadischen Tank–Regiments schoben sich durch Hecken und Obstgärten nördlich von Caen. Das unübersichtliche Gelände der Bocage mit seinen tausend Möglichkeiten, alles Kriegsgerät von der Pak bis zum schwersten Kampfwagen zu verstecken, war eigentlich ein Alptraum für jeden angreifenden Panzer-Führer. Aber die Kanadier waren voller Zuversicht.

Der Kommandant des Sherman, der zur rechten Flankensicherung in den Obstgärten der Ortschaft Contest abgestellt war, stieß sein Turmluk auf und steckte sich eine Zigarette an.

Im blauen Frühsommerhimmel über ihm blitzten silberne Schwingen, und das Rumpeln ferner Detonationen wurde alle paar Sekunden vom Aufheulen hochdrehender Flugzeugmotoren übertönt. Das war einer der Gründe, die das Selbstvertrauen der kanadischen Panzermänner rechtfer-

tigten: An diesem 7. Juni 1944, dem zweiten Tag der Invasion der Alliierten in der Normandie, gehörte der Himmel über Nordfrankreich den anglo-amerikanischen Kampffliegern. Von der einst so gefürchteten deutschen Luftwaffe, die hier nur vier Jahre zuvor die fliehenden Reste der französischen Armee und des britischen Expeditionskorps gejagt hatte, war nichts mehr zu sehen.

Weiter westlich stießen Jagdbomber mit hämmernden Bordwaffen auf irgendein Ziel hinunter. Hoch über ihnen malte eine Formation schwerer Bomber schnurgerade Kondensstreifen in den Himmel. Sie zogen nach Süden, um Nachschubwege und -einrichtungen der bedrängten „Krauts" zu zerstampfen.

Der Tank-Kommandant warf seinen Zigarettenstummel weg und blickte zufrieden in das scheinbar so friedliche Land. Er konnte nicht ahnen, daß sich längst Ferngläser und lange

Kanonenrohre auf ihn und seine weiter östlich auf den Flugplatz Carpiquet zurollenden Kameraden gerichtet hatten. Und daß viele von ihnen nur noch Minuten zu leben hatten.

Die ersten 24 Stunden nach „D-Day" – und auch das trug zur Zuversicht der Kanadier bei – waren insbesondere im Bereich des britischen Landekopfes recht zufriedenstellend verlaufen. Während die Amerikaner weiter westlich schwer zu kämpfen hatten und stellenweise grausige Verluste erlitten, faßten die britischen Streitkräfte, zu denen eine kanadische Division gehörte, schnell Fuß.

Infolgedessen hatte Oberbefehlshaber Montgomery Grund zu der Hoffnung, daß die weitere Ausdehnung des Brückenkopfes planmäßig vonstatten gehen würde. Dazu gehörte auch die schnelle Einnahme des wichtigen Knotenpunktes Caen. Die Eroberung von Caen fand einen

Bild rechts:
„Hoher Besuch". Reichsjugendführer Arthur Axmann auf Inspektionsreise bei der SS-Division „Hitlerjugend" an der Normandiefront. Axmann, nach 1945 zunächst zu drei Jahren Haft verurteilt, wurde 1958 von einem Westberliner Gericht wegen Verhetzung der Jugend zu einer hohen Geldstrafe verurteilt.

Bild linke Seite:
Soldaten der „Hitlerjugend"-Divisionen erwarten mit umgehängten MG-Gurten auf das Einsatzkommando. Der spöttische Spitzname „Baby-Division" für die junge SS-Truppe wurde bald zum respektvollen Ehrentitel.

Monat später als geplant statt. Und das hing weitgehend mit den Ereignissen des 7. Juni in den Obstgärten zwischen Contest und Buron zusammen.

Das schmetternde Krachen ringsum ließ den Tank-Kommandanten vor Contest zusammenzucken und blitzschnell im Turm verschwinden. Das Geräusch kannte er: panzerbrechende Hochgeschwindigkeits-Kanonen! Mit aufheulendem Motor schlug sich der Sherman in die Büsche. Der Funksprechverkehr auf der Frequenz des Regiments ließ erkennen, daß plötzlich die Hölle los war. Knacken und Krachen, aufgeregte Stimmen riefen, sich gegenseitig überlagernd, Warnungen und Befehle. Die Masse des Regiments, die mit aufgesessener Infanterie in langer Kolonne auf dem Marsch Richtung Carpiquet war, stob auseinander. Deutsche Panzer IV mit der gefürchteten, langen 7,5-cm-Kanone waren plötzlich über einen Hang gestürmt und in die Flanke der Kolonne gestoßen. Säulen schwarzen, öligen Qualms stiegen auf. Jede kennzeichnete ein Panzer-Grab. Mit den Panzern stürmten gleichauf Fußsoldaten, deren wütender Angriffschwung die kanadischen Infanteristen aus dem Gleichgewicht brachte.

Noch erkannte kaum jemand, wie jung die wilden Angreifer waren; Jugendliche, bis hin zu den Unteroffizieren, wie man später herausfand. Offensichtlich war auf den ersten Blick nur, daß sie topfit und glänzend ausgebildet waren, und ausgerüstet mit den besten Waffen des schrumpfenden Großdeutschen Reiches, vom Sturmgewehr über schwere Granatwerfer bis zu Panzerfaust und Ofenrohr.

Die Kanadier hatten es bis dahin fast nur mit der 716. Infanterie-Division zu tun gehabt; einem ziemlich zusammengewürfelten Haufen, der sich zwar verblüffend tapfer gewehrt hatte, inzwischen aber fast völlig aufgerieben war. Und was nun über sie hereinbrach, schien etwas völlig anderes zu sein; eine Truppe von tödlicher Entschlossenheit und Rücksichtslosigkeit, in der, wie es später

der kanadische Sergeant Gariepy staunend formulierte, „jeder Mann einen persönlichen Haß gegen unsere Panzer haben schien..."

Der Rückzug der kanadischen Panzer und Infanteristen glich einer Flucht. Wo immer sie sich festzusetzen versuchten, an natürlichen Hindernissen wie Hecken oder Hügeln oder in den Ortschaften, stürmten Angreifer rücksichtslos durch das Abwehrfeuer und waren über ihnen, offenbar unbeeindruckt von der Tatsache, daß hinter ihnen das Feld gesprenkelt war mit leblosen Körpern in den gefleckten Tarn-Anzügen der Waffen-SS.

Die Ortschaften Franqueville, Authie und Buron wurden genommen. Truppweise taumelten verblüffte Gefangene, die Hände hinter dem Kopf verschränkt, nach hinten. Bis dahin hatte nur die deutsche Artillerie, vom Turm eines Klosters wirkungsvoll geleitet, in den Kampf eingegriffen. Aber nun schien man auch bei den rückwärtigen Stäben der Kanadier klarer zu sehen, zumal die Angreifer, die offenbar ziemlich planlos vorwärtsgestürmt waren, nun durch kanadische Panzer in der rechten Flanke bedroht wurden und zögerten. Minuten später orgelten mächtige Geschosse von See heran. Der Artillerie-Beobachter auf dem Kloster-Turm, der die Invasions-Armada der Alliierten „Schiff an Schiff" vor sich liegen sah, beobachtete mit Schaudern das pausenlose Aufblitzen des Mündungsfeuers auf den großen Kriegsschiffen.

Im präzisen Feuer dieser gewaltigen Kaliber brach der Angriff zusammen. Ungeplant und begrenzt wie er war, hätte er auch kaum viel weiter geführt werden können. Aber es waren kaum mehr als drei Panzergrenadier-Bataillone mit 50 Panzer IV, die einem ganzen Tank-Regiment, unterstützt von einer Infanterie-Brigade, diesen schweren Schlag versetzt hatten.

Die Kanadier verloren 28 Sherman-Tanks. Auf deutscher Seite wurden sechs Panzer abgeschossen. Vier davon konnten repariert werden.

Die Mannschaftsverluste, bei den Kanadiern auf 245 Tote, Verwundete,

Bild oben: Daß gerade die Jüngsten ihre unerbitterlichsten Widersacher waren und sich mit beispielloser Tapferkeit schlugen, wurde auch vom Gegner anerkannt.

Bild rechte Seite: Eine reichlich mit Buschwerk getarnte Pak (Panzerabwehrkanone) wird in Stellung gebracht.

Vermißte und Gefangene beziffert, waren bei den Angreifern etwas höher.

Kurz darauf trafen sich die alliierten Generäle Montgomery, Dempsey und Bradley. Sie beschlossen, ihren Plan zu ändern und gemeinsame Anstrengungen zur Eroberung von Caen zu unternehmen. Dafür sollte das wichtigste Nahziel der Amerikaner, die Einnahme von Cherbourg, zunächst vernachlässigt werden.

Zu dieser Zeit wußten die Generale, welche Einheit ihren Zeitplan so nachhaltig durcheinandergebracht hatte. Die Schlacht nördlich Caen war die erste dieser Division, aber die Alliierten hatten schon von ihrer Aufstellung gehört. Man hatte sie sogar höhnisch „Baby-Division" getauft, mit einer Milchflasche als taktischem Zeichen: die 12. SS-Panzerdivision „Hitlerjugend". Drei Monate später werden nur noch ausgemergelte Reste der Division nach Osten taumeln, wird ein belgischer Bauer ihren Kommandeur, den berühmten und hochdekorierten Haudegen Kurt („Panzermeyer") Meyer in einem reichlich unwürdigen Versteck aufspüren: in seinem Hühnerstall.

Aber bis dahin werden die „Babys" noch viele Beweise ihres fanatischen Angriffsgeistes geliefert haben. Aufstellung und Kampf ihrer Division sind in die Kriegsgeschichte eingegangen, nicht zuletzt als Beispiel für den Zynismus, mit dem die Begeisterungsfähigkeit der Jugend mißbraucht werden kann.

Denn alles begann damit, daß Schreibtisch-Krieger darin wetteiferten, nach dem Desaster von Stalingrad für ihren Führer und seinen ungerechten und aussichtslosen Kampf noch mehr Kanonenfutter aus dem Volk herauszupressen. Es ist ebenso folgerichtig wie ekelerregend, daß sich Nazi-Größen schließlich noch um die „Ehre" stritten, die erste Idee zu diesem Jünglings-Opfer gehabt zu haben.

Das erste belegbare Gespräch fand im Februar 1943, kurz nach der Kapitulation der 6. Armee in Stalingrad, zwischen dem Chef-Rekrutenwerber Gottlob Berger von der Waffen-SS und einem Berufsjugendlichen namens Möckel aus dem Stab des Reichsjugendführers Artur Axmann statt. Die beiden kamen überein, für die geplante Elite-Einheit, die eine Art Junior-Leib-

standarte werden sollte, unter den 17jährigen Hitlerjungen des Jahrgangs 1926 Freiwillige zu werben.

Die obersten Totengräber wie Hitler und Himmler reagierten enthusiastisch und versprachen, nebensächliche Hemmnisse wie die Abschlüsse von Schul- und Berufsausbildung oder die sonst obligatorische Verpflichtung zur Ableistung des Arbeitsdienstes aus dem Wege zu räumen. Problematisch war von Anfang an, daß sich die rivalisierenden Machtgruppen in ihrem Drang, unter den Augen ihres Führers das Leben (anderer) zu opfern, gegenseitig behinderten.

So warnte Berger in einem Geheimschreiben – offenbar unter dem Eindruck, daß die Sache nicht schnell genug voranging – seine Vorgesetzten, die SS müsse die Organisation schnell zustandebringen, weil anderenfalls das Heer oder gar Reichsmarschall Hermann Göring (der sich bekanntlich mit seinen „Luftwaffen-Felddivisionen" seine eigene Land-Armee zusammenschusterte) „mit besonderem Vergnügen" zugreifen würden.

Voller Angst um seine Beute schrieb schließlich Himmler persönlich an Hitlers Chef-Adjutanten Rudolf Schmundt, er habe von Hitler gehört, „daß Sie den Vorschlag gemacht haben, eine Hitlerjugend-Division im Rahmen des Heeres aufzustellen. Sie müssen dabei gewiß die Tatsache übersehen haben, daß ich einen solchen Vorschlag bereits Anfang Februar gemacht habe." Und weiter: Es scheine, daß irgendwelche Heeres-Dienststellen durch die anlaufende Werbung der SS „Wind von der Sache" bekommen hätten und nun stören wollten, ohne zu wissen, daß Hitler die Himmler-Idee schon längst gutgeheißen habe.

In der Tat versprach Hitler sich Wunderdinge von der Division der Kinder. Im Juli 1943 sagte er in einem protokollierten Gespräch über jugendliche Freiwillige in den beiden neuen SS-Divisionen „Hohenstaufen" und „Frundsberg" zu Himmler: „Die jungen Leute von der Hitler-Jugend kämpfen fanatisch ... Junge

deutsche Burschen, einige kaum siebzehn Jahre alt ... Diese Hitlerjungen kämpfen viel fanatischer als ihre älteren Kameraden ... Der Feind berichtet, daß man ihrer nur habhaft werden kann, nachdem jeder Mann gefallen ist ...“

Himmler: „Das sind jetzt gute Divisionen, mein Führer.“

Hitler: „Die Division Hitlerjugend wird genauso kämpfen ... Der Feind wird sein blaues Wunder erleben.“

Aus einem Grunde allerdings sah Hitler (und insbesondere sein Chef-Propagandist Goebbels) die Werbung in den Formationen der Hitlerjugend mit gemischten Gefühlen: Es lag in der Natur der Sache, daß die Rekrutierung so junger Freiwilliger nicht geheim bleiben konnte, obwohl es Zeitungen und Rundfunk strikt verboten war, darüber zu berichten. Schon benutzte die Propaganda der Alliierten genüßlich in Rundfunksendungen und Flugblättern den Begriff „Baby-Division“.

Es bestand die Gefahr, daß beim Deutschen Volk unangenehme Erinnerungen an den „Opfergang von Langemarck“ im Ersten Weltkrieg wach werden würden, der zwar gerade in dieser Zeit von salbadernden Geschichtslehrern als etwas Wundervolles gepriesen wurde, militärisch aber offensichtlich ein trauriger Blödsinn gewesen war.

Die Notwendigkeit, einigermaßen diskret vorzugehen, erschwerte also die Werbung. Und die ließ sich ohnehin nicht besonders gut an, obwohl die Anforderungen schon drastisch gesenkt worden waren – so die Mindestgröße der SS-Rekruten von 1,78 m auf 1,70 und 1,68 m für Nachrichten-Personal und Kradschützen. Da die Angehörigen des Jahrgangs 1926 erst im Laufe des Jahres 1943 das Alter von 17 Jahren erreichten, durften sich auch 16jährige einschreiben, wobei, wie Reichsjugendführer Axmann dekretierte, „elterliche Zustimmung nicht nötig ist“.

Da die Waffen-SS ohnehin in diesem Jahr 35 000 Rekruten aus der HJ werben wollte, die Spezialwerber für die Division „Hitlerjugend“ aber beim Jahrgang 1926 Vorrang zu haben glaubten, kam es selbst unter den Himmler-Werbern zu internen Streitigkeiten und gegenseitigen Beschuldigungen. Und aus dem Hintergrund keifte die Wehrmacht, so in einem Brief aus dem Wehrkreis Stuttgart an das Oberkommando der Wehrmacht vom 30. März 1943:

Die Waffen-SS verwende illegale Methoden, um dem Führer eine „sogenannte SS-Division Hitlerjugend“ zum Geburtstag (20. April) zu präsentieren. Es sei allerdings völlig falsch, wenn der Führer annehmen

sollte, daß es sich um eine Freiwilligen-Einheit handele. Allein im Bereich Stuttgart seien drei Fälle bekannt, in denen Angehörige des Jahrgangs 1926 unter Druck gesetzt worden seien; so habe man einige in einem Raum mit SS-Werbern eingesperrt, bis die Freiwilligen-Meldung unterschrieben worden sei.

Gottlob Berger schrieb dazu empört, die Wehrmacht wolle wieder einmal Stunk gegen die Waffen-SS machen, aber später, im Laufe der Ausbildung, wurden immerhin mehrere Jungen nach Hause geschickt, weil sie „freiwillig gezwungen“ worden waren.

Nachdem schließlich doch um die 20 000 Freiwillige zusammengekommen waren – die erste Gruppe der Eingeschriebenen war noch einmal aus den der HJ unterstehenden „Wehrertüchtigungslagern“ nach Hause geschickt worden, um unter Freunden und Verwandten zu werben –, übernahm der 35jährige Eichenlaub-Träger und Standartenführer Fritz Witt die Division. Er hatte, wie sichergestellte Dokumente zeigen, schwere Probleme.

So mußte er seine Offiziere und Unteroffiziere in mehreren Rundschreiben ermahnen, auf die Jugend der Rekruten, „deren Erziehung zu Hause noch nicht zu Ende gebracht worden ist und deshalb beim Militär fortgeführt werden muß“, Rücksicht zu nehmen. Immer wieder mußte er gegen übertriebene Disziplinar-Maßnahmen einschreiten. Dabei dürfte eine Rolle gespielt haben, daß das Offizier- und Unteroffizierkorps nur mit Mühe zusammenzukratzen gewesen war. Hitler selbst hatte schließlich verfügen müssen, daß (zum neuen Ärger der Wehrmacht-Führung) ehemalige HJ-Führer aus Heer und Luftwaffe zu der neuen Division abgestellt werden sollten. Die Masse der Unterführer war jedoch kaum älter als die blutjungen Rekruten.

Die Aufstellung und endgültige Ausbildung der Division fand in Beverloo/Belgien statt. Obwohl die Ausrüstung Vorrang haben sollte, machte sich auch bei dieser gehätschelten Division der Mangel im bedrängten Reich bemerkbar: Die ersten Rekruten konnten nicht einmal eingekleidet werden, und zur Ausbildung standen zunächst nur ein paar Panzer IV sowie für die Grenadiere einige ausgeleierte und dauernd liegenbleibende Fahrzeuge italienischer Produktion zur Verfügung. Immerhin: Die Spezialverpflegung für die zumeist noch nicht einmal ausgewachsenen Rekruten, im Nährwert etwa den Rationen für Schwerstarbeiter entsprechend, wurde in der Regel pünktlich angeliefert, einschließlich „3,5 Liter Frischmilch wöchentlich pro Kopf".

Anstelle der üblichen Zigaretten- und Tabak-Ration erhielten die Rekruten Bonbons und Schokolade – bis zum 16. März 1944, an dem Kommandeur Witt verfügte, die Ausbildung sei nun abgeschlossen, die Jungen zu Männern geworden, die von nun an getrost rauchen könnten.

Die Gefechtsausbildung war vorzüglich – wobei die „weltanschauliche Schulung" der Jungen jedoch als eine wichtige und unerläßliche Ergänzung

Bild rechts:
Ein Panzerspähwagen der SS-Division „Hitlerjugend" passiert auf dem Weg zur Invasionsfront eine von alliierten Bombern völlig zerstörte normanische Stadt.
Bild linke Seite:
Grendiere der 12. SS-Panzerdivision an einem Dorfeingang im Raum Caen.
„In der Normandie", heißt es im deutschen Wehrmachtsbericht vom 29. Juni 1944, „dehnte der Feind seine starken Angriffe auf fast 25 Kilometer Breite aus. Besonders erbittert waren die Kämpfe im Raum südwestlich Caen, wo der Gegner in dem buschigen, unübersichtlichen Gelände einen schmalen Einbruch erzielen **konnte. Der in den Abendstunden einsetzende Gegenangriff deutscher gepanzerter Kampfgruppen drängte die feindlichen Angriffsspitzen auf engstem Raum zusammen. Der Gegner erlitt schwerste Verluste an Menschen und Material. Allein eine Panzerabteilung vernichtete dabei 53 feindliche Panzer. In diesem Raum haben sich bei den Kämpfen der letzten Tage die 12. SS-Panzerdivision ‚Hitlerjugend' unter Führung von SS-Standartenführer Meyer, insbesondere die Kampfgruppen des SS-Sturmbannführers Olboeter, besonders ausgezeichnet..."**

angesehen wurde; Witt wies die Ausbilder an, aus den Hitlerjungen SS-Männer zu machen, die nach den Grundsätzen der SS leben und „fanatische Krieger" werden sollen.

Deutschlands Niederlage im Ersten Weltkrieg sei, so hieß es unter großzügiger Mißachtung militärischer Tatsachen in einer Anweisung, auf Mangel an „Weltanschauung" zurückzuführen. Deshalb wurde bei der Division jede Woche eine Parole wie „Deutschland braucht Lebensraum" ausgegeben, die dann in Schulungsstunden, aber auch beim Flaggenappell oder in einer kurzen Ausbildungspause den Jungen eingehämmert werden mußte.

Im April 1944 wurde die Division in die Gegend von Rouen (Frankreich) verlegt. Sie bestand nun aus rund 20 000 Mann, die über 177 Panzer, 700 Maschinengewehre, 70 Granatwerfer, 37 Infanteriegeschütze und Haubitzen, 40 Feldgeschütze und 33 Pak verfügten. Inzwischen war klar, daß eine Invasion der West-Alliierten in Frankreich bevorstand. Zu „Führers Geburtstag" ließ Witt die Division schwören, „von ganzem Herzen und mit aller Kraft" in die bevorstehenden, entscheidenden Schlachten zu gehen. Sie brauchten nicht mehr lange zu warten.

Am ersten Tag der Invasion, an dem sich weder der OB West, noch die Heeresgruppe B noch das Führungshauptquartier Verdienste durch schnelles Reagieren erwarben, wurden die Regimenter und Bataillone ziemlich planlos in der Gegend hin- und hergeschoben. Und der erste Angriff, der die Kanadier in solche Verwirrung brachte, war eine unbefohlene Spontan-Aktion des Regimentskommandeurs Kurt Meyer, der mit Teilen seiner Einheit, ständig gejagt von Tieffliegern, als erster nördlich Caen angekommen war.

„Panzermeyer" war vom ersten Tage des Krieges an als Offizier der Division „Leibstandarte-SS Adolf Hitler" im Einsatz. Noch in seinen gegen Ende der fünfziger Jahre geschriebenen Memoiren tönt hehres NS-Vokabular: Beim Angriff auf Polen ist man „von der Gerechtigkeit

des Kampfes überzeugt und hat keine Bedenken, sich für die Lebensrechte seines Volkes bis zur letzten Konsequenz einzusetzen. Mit ernsten Gesichtern erfüllt eine gläubige Jugend ihre Pflicht und beginnt einen Opfergang ohnegleichen."

Immerhin, die persönliche Tapferkeit von Kurt Meyer ist über jeden Zweifel erhaben. Den zweiten Angriff seines Regiments, unterstützt von einer „Panther"-Kompanie, fuhr er auf einem Seitenwagen-Krad mit,

Bild oben:
Eine gut getarnte MG-Stellung lauert auf das Erscheinen des Gegners.

Bild rechte Seite:
Hinter der Deckung eines Panzers wird einem verwundeten Grenadier der erste Verband angelegt.

wobei er ein paarmal im Graben landete und schließlich – durch einen zerschossenen Benzintank in Flammen gesetzt – von seinen Grenadieren gelöscht werden mußte.

Als Divisionskommandeur Witt zehn Tage nach Beginn der Invasion durch einen Artillerie-Volltreffer zerrissen wurde, wurde der Haudegen Meyer logischerweise sein Nachfolger. Zu dieser Zeit waren die meisten Kompanie- und Zugführer schon tot oder verwundet. Die Durchschnittsstärke der Bataillone entsprach noch zwei Kompanien. Auch ohne besondere Gefechte schwand die Substanz der Division unter dem dauernden Trommeln der feindlichen Artillerie, unter den ständigen Jabo- und Bombenangriffen dahin.

Meyer, der den Einsatz der Jugendlichen wegen ihrer guten Ausbildung für „voll zu verantworten" hielt,

schrieb über die Haltung seiner jungen Soldaten: „Abgekämpfte Grenadiere winken mir zu. Mit leuchtenden Augen rufen sie Scherzworte. Es ist wahrlich ein Rätsel, wo diese jungen Burschen die Kraft hernehmen, ein solches Stahlgewitter zu überstehen." Ob ihm nie Zweifel gekommen sind, daß gerade dieses Ausnutzen des Über-Mutes der Jugend zynisch war? Einmal, in der Erinnerung an das Ende seiner von britischen Tanks überrollten Aufklärungskompanie, schrieb er: „Die Jungen haben noch nicht leben gelernt – aber weiß Gott, sie verstehen zu sterben! Knirschende Panzerketten beenden ihr junges Leben. Mir laufen die Tränen übers Gesicht – ich beginne den Krieg zu hassen."

Zu dieser Zeit registrierte die Panzerdivision „Hitlerjugend" 4 000 Tote und 8 000 Verwundete oder Vermißte.

Und der letzte Akt der Tragödie begann.

Schritt für Schritt hatten die britischen Streitkräfte inzwischen die Verteidiger auf Caen zurückgedrängt. Gegner der „Hitlerjugend" waren weiterhin hauptsächlich die Kanadier, die in dieser Zeit ein Drittel ihres gesamten Verlustes während des europäischen Feldzuges zu beklagen hatten. Der Kriegstagebuch-Führer eines kanadischen Infanterie-Regiments beschrieb das Bild, das sich nach der Einnahme einer kleinen Ortschaft durch seine Einheit bot:

„Unsere gefallenen Soldaten lagen in Reihen neben toten SS-Männern. Hier sehen wir einen Kanadier und einen Deutschen, die sich buchstäblich in den Armen liegen, nachdem sie sich gegenseitig umgebracht haben. Dort haben sich ein kanadi-

scher und ein deutscher Tank bis zur Vernichtung beschossen. Beide qualmen noch, und aus jedem geschwärzten Turm hängt der verbrannte Körper eines MG-Schützen ... Und dann, als die Vorhut der C-Kompanie um die Ecke biegt, sind da drei Deutsche. Nur drei. Aber einer von ihnen zieht sofort eine Pistole und trifft einen von unseren Männern. Ein MG-Schütze tötet zwei von den drei SS-Männern, aber der Überlebende ergibt sich nicht; er täuscht uns und entkommt. Jetzt wissen wir, mit welcher Art von Fanatikern wir es zu tun haben." Während die Front bei Caen sich nur langsam zurückdrücken ließ, hatten die Amerikaner weiter westlich die Halbinsel Cotentin erobert und schließlich, am 25. Juli 1944, den entscheidenden Durchbruch bei Avranches erzwungen. General George S. Patton, der Oberbefehlshaber der amerikanischen 3. Armee, jagte mit seinen Panzern nach Osten, umging die südöstlich von Caen gelegene Stadt Falaise und ließ einen Teil seiner Streitkräfte nach Norden schwenken.

Zugleich begannen die Briten eine großangelegte Offensive nach Süden, begleitet von Trommelfeuer und Bombenteppichen, bei einer Überlegenheit allein an Panzern von 600 zu 200. Ein riesiger Kessel zeichnete sich ab.

Aber zumindest im Bereich der SS-Division „Hitlerjugend" ließ sich der Flaschenhals für mehr als einen Monat einfach nicht schließen. Das Tagebuch eines unbekannt gebliebenen, vermutlich toten SS-Jungen, unter Leichen und Schwerverwundeten in einem Bunker gefunden, schildert den letzten Kampf einer abgeschnittenen Pionier-Einheit.

Die Reste der Truppe hatten sich unter Feuer in den Bunker zurückgezogen. Panzer feuerten hinter ihnen her, und ihre Granaten töteten zwei Mann und verwundeten fast alle anderen. Aber dann schienen die Briten sich nicht mehr um die Abgeschnittenen zu kümmern:

„Wir saßen da, nervös aber entschlossen, und warteten auf den nächsten Angriff. Die Spannung wurde größer

und größer. Die Verwundeten stöhnten. Feindliche Panzer und Sturmgeschütze passierten uns an beiden Seiten. Wir konnten deutlich die Befehle und das Gelächter der Feinde hören.

Plötzlich Geräusche am hinteren Bunker-Eingang! Unsere Nerven waren zum Zerreißen gespannt. Pistolen richteten sich auf den Eingang, aber der Mann, der sich hereinschlich, war ein deutscher Grenadier. Er hatte zwei britische Panzer mit geballten Ladungen zerstört, griff sich den Rest der Handgranaten und verschwand wieder."

Die wenigen unverletzten Grenadiere bewachten von da an die Eingänge,

Bild oben:
Die Jüngsten von ihnen waren gerade 16 Jahre alt, Hitlerjungen, die fanatisch jeden Wunsch ihres Führers erfüllten. Enthusiastisch und zu Tausenden meldeten sie sich freiwillig zum Kriegsdienst bei der 12. SS-Panzerdivision. Feldmarschall von Rundstedt
sagte bei einer Besichtigung: **„Es ist eine Schande, daß diese blindlings ergebene Jugend einer so aussichtslosen Sache geopfert wird."**
Bild rechte Seite:
Auszeichnung von Angehörigen der SS-Panzerdivision „Hitler-Jugend" mit dem Eisernen Kreuz.

Messer in den Fäusten, um jeden Eindringling lautlos zu erledigen. Stunden vergingen. Ein Engländer feuerte plötzlich eine MP-Garbe in den Bunker, warf eine Handgranate und sprang hinterher. Ein Offizier schoß ihn nieder.

Eine englische Stimme forderte die Überlebenden zur Übergabe auf. Ein junger Grenadier verlor die Nerven und sprang nach draußen. Kurz darauf rief er seinen Kameraden zu: „Jungs, gebt auf, es hat keinen Zweck. Hier draußen sind 40 feindliche Panzer. Sie machen den Bunker flach, wenn ihr euch nicht ergebt." Dann flogen wieder Handgranaten, aber plötzlich war der geflüchtete Grenadier wieder da, bat um Verzeihung und wollte mit den anderen weiterkämpfen.

Die letzten Überlebenden schafften es in der folgenden Nacht, nach Süden zu den deutschen Linien zu schleichen...

Am 15. August zählte die Division noch 500 Mann. Aber die ausgemergelten Jungen kämpften immer noch fanatisch. Mehr als zwei Tage lang hielten sie nördlich von Falaise den Angriff von zwei frischen Divisionen auf. Feldmarschall Montgomery, ihr Gegner, sagte über sie: „Eine üble Rotte von Bastarden, aber Soldaten sind sie. Dagegen sind wir reinste Amateure." Als die Alliierten am 20. und 21. August endlich den Kessel schlossen, brach Divisionskommandeur Meyer mit einer Handvoll seiner Grenadiere aus. Im Kessel von Falaise blieben insgesamt 10 000 Tote zurück. 50 000 Deutsche marschierten in die Gefangenschaft. Der Rückzug des gesamten West-Heeres wurde zur regellosen Flucht.

Anfang September wurde Divisionskommandeur Kurt Meyer bei Namur von belgischen Partisanen gefangen. Ein kanadisches Kriegsgericht verurteilte ihn später zum Tode. Er wurde begnadigt und 1954 entlassen.

Der Name der SS-Division „Hitlerjugend" tauchte in den letzten Kriegsmonaten noch gelegentlich auf, so bei der letzten deutschen West-Offensive im Dezember 1944 in den verschneiten Wäldern der Ardennen und in Sepp Dietrichs Plattensee-Offensive in Ungarn. Sie unterschied sich nicht mehr von anderen SS-Divisionen. Auch die Behandlung ihrer Angehörigen durch die Nachkriegs-Gesellschaft unterschied sich nicht von der der übrigen SS. Für Jahrzehnte verschaffte es all denen, die mitgemacht oder zumindest geschwiegen hatten, eine beträchtliche Erleichterung, daß die Sieger allein die SS für verbrecherisch erklärten, während an den Wehrmacht-Teilen kaum ein Makel blieb.

Zu denen, die als Sündenböcke herhalten mußten, gehörte auch eine Jugend, die im prägsamsten Alter zuerst aufgehetzt und dann mißbraucht worden war. Das allgemeine Mitmachen schien halbwegs ausgelöscht, abgeladen auf eine kleine, an der Blutgruppen-Tätowierung unter dem Arm erkennbare Gruppe.

Bilanz des Zweiten Weltkrieges

Staaten, die sich mit dem Deutschen Reich im Kriegszustand befanden, sowie die Daten des Beginns des Kriegszustandes.

Polen	1.9.1939
Großbritannien	3.9.1939
Frankreich	3.9.1939
Indien	3.9.1939
Neuseeland	3.9.1939
Australien	3.9.1939
Südafrikanische Union	6.9.1939
Kanada	10.9.1939
Norwegen	9.4.1940
Niederlande	10.5.1940
Belgien	10.5.1940
Luxemburg	10.5.1940
Jugoslawien	6.4.1941
Griechenland	6.4.1941
UdSSR	22.6.1941
China	8.12.1941
USA	11.12.1941
Kuba	11.12.1941
Costa Rica	11.12.1941
Guatemala	12.12.1941
Nicaragua	13.12.1941
Honduras	12.12.1941
Dominikan. Republik	15.12.1941
Tschechoslowakei	16.12.1941
El Salvador	18.12.1941
Haiti	18.12.1941
Panama	18.12.1941
Mexiko	1.6.1942
Philippinen	14.6.1942
Brasilien	22.8.1942
Äthiopien	14.12.1942
Irak	16.1.1943
Iran	9.9.1943
Italien	13.10.1943
Kolumbien	29.11.1943
Bolivien	4.12.1943
Liberia	26.1.1944
Rumänien	25.8.1944
Bulgarien	8.9.1944
Ungarn	30.12.1944
Ekuador	2.2.1945
Paraguay	9.2.1945
Peru	13.2.1945
Chile	14.2.1945
Venezuela	16.2.1945
Türkei	23.2.1945
Uruguay	23.2.1945
Ägypten	24.2.1945
Syrien	26.2.1945
Libanon	27.2.1945
Saudi-Arabien	1.3.1945
Finnland	4.3.1945
Argentinien	27.3.1945

Bevölkerungsverluste in Europa

Gefallene und vermißte Soldaten

Amerikaner	170 000
Engländer	330 000
Franzosen	250 000
Belgier	10 000
Holländer	10 000
Norweger	10 000
Deutsche	3 250 000
Italiener	330 000
Österreicher	230 000
Tschechen	20 000
Ungarn	120 000
Jugoslawen	300 000
Griechen	20 000
Bulgaren	10 000
Rumänen	200 000
Polen	120 000
Finnen	90 000
Sowjetrussen	13 600 000
	19 070 000

Ziviltote

Engländer	60 000
Franzosen	270 000
Belgier	50 000
Holländer	100 000
Deutsche (einschließl. getötete und vermißte „Volksdeutsche")	3 640 000
Italiener	70 000
Österreicher	40 000
Tschechen	70 000
Ungarn	80 000
Jugoslawen	1 300 000
Griechen	80 000
Rumänen	40 000
Polen	2 500 000
Litauer	170 000
Letten	120 000
Esten	140 000
Sowjetrussen	6 000 000
	14 730 000

Ermordete Juden

Frankreich	90 000
Belgien	40 000
Niederlande	90 000
Luxemburg	3 000
Dänemark	1 500
Norwegen	1 500
Deutschland	170 000
Österreich	40 000
Tschechoslowakei	260 000
Ungarn	200 000
Italien	15 000
Jugoslawien	55 000
Griechenland	60 000
Rumänien	425 000
Bulgarien	7 000
Polen	2 800 000
Sowjetunion (mit Litauen, Lettland und Estland)	1 720 000
	5 978 000

In Europa insgesamt Gefallene

Soldaten	19,0 Millionen
Ziviltote	14,7 Millionen
ermordete Juden	5,9 Millionen
	39,6 Millionen

Bevölkerungsverluste in Asien und im Pazifik

Gefallene und vermißte Soldaten

Amerikaner	50 000
Neuseeländer	10 000
Australier	30 000
Engländer	40 000
Chinesen	3 500 000
Japaner	1 700 000
	5 330 000

Ziviltote

Chinesen	10 000 000
Japaner	360 000
insgesamt	15 690 000

Zusammenstellung der Bevölkerungsverluste in Europa und Asien

Europa	39,6 Millionen
Asien	15,7 Millionen
	55,3 Millionen

Lieferungen der USA an die Sowjetunion im Rahmen des Leih- und Pachtvertrages

Güter aus den USA

Eisenbahntransport-einrichtungen	468 532
Lastwagen und andere Fahrzeuge	2 290 830
Metalle	3 575 084
Chemikalien und Sprengstoff	1 147 764
Erdölprodukte	2 113 449
Maschinen und Ausrüstungen	1 247 848
Lebensmittel	4 464 977
Andere Güter aus den USA	1 221 307
Gesamtmenge aus den USA (in Tonnen)	16 529 791

Güter aus Kanada und Großbritannien	968 648
Güter aus anderen Quellen	2 494
Gesamtmenge (in Tonnen)	17 500 933

Pacht- und Leih-Hilfe der USA für das Britische Commonwealth im Vergleich zur Gesamtproduktion der USA

(Angaben in Prozent)

	1942	1943	1944	1.Hj. 1945
Flugzeuge und Ausrüstung	11,4	11,9	13,5	11,8
Schiffe, Ausrüstung und Ersatzteile	5,5	11,8	6,7	5,4
Artillerie und Munition	10,4	10,0	8,8	4,6
Fahrzeuge und Ausrüstung	9,8	26,7	29,4	12,1
Anderer Munitionsbedarf	1,4	3,4	9,9	5,5
Nahrungsmittel	4,3	4,4	5,4	3,9
Andere landwirtschaftliche Produkte	4,3	5,6	4,4	5,0
Metalle	3,9	4,2	3,4	3,5
Maschinen	2,6	5,7	7,1	4,2
Andere Erzeugnisse	0,7	0,6	1,1	0,7

Abgeworfene Bombenlast (t) in Europa (insgesamt)

Übersicht

Jahr	USAAF	RAF	Insges.
1940		15 610	15 610
1941		46 026	46 026
1942	2 003	74 489	76 492
1943	133 089	213 077	346 166
1944	890 661	703 075	1 593 736
1945	437 670	254 840	692 570
Insges.	1 463 423	1 307 117	2 770 540

Auf Feindfahrt verlorengegangene deutsche U-Boote

Sept. 1939–Juni 1940	23
Juli 1940–März 1941	13
April 1941– Dez.1941	28
Januar 1942–Juli 1942	31
August 1942–Mai 1943	146
Juni 1943–August 1943	76
Sept. 1943–Mai 1944	146
Juni 1944–Mai1945	167
	630

INHALT

Einleitung 5

Die zweite Front 7

Die Invasion 23

Ardennenoffensive 71

Krieg der Kinder 83

Bilanz des Zweiten Weltkrieges 92

Bildquellen:„Illustrierte Zeitung", Verlag von J. J. Weber, Leipzig. Imperial War Museum, London. „Männer und Waffen des deutschen Heeres", G. Grote Verlag, Berlin. Lothar Rübelt, Wien. Hans Schaller, Berlin. „Signal", Deutscher Verlag, Berlin. Rolf Steinberg, Berlin. Süddeutscher Verlag, München. U.S. Army Historical Collection, Washington. U.S. Navy War Photographs, „U.S. Camera", New York. Archiv Zentner, München. „Zweiter Weltkrieg im Bild", Burda-Verlag, Offenburg. Des weiteren andere zeitgenössische in- und ausländische Publikationen.

Originalausgabe
© 1998 by VPM Verlagsunion Pabel Moewig KG, Rastatt
Alle Rechte vorbehalten. All rights reserved.
Redaktion: Dr. Reinhard Barth, Matthias Forster, Thomas Iser
DTP: Petra Obermeier
Umschlagfoto: Süddeutscher Verlag
Printed in Portugal 1998
ISBN 3-8118-1476-1